無印良品ではじめる新しい習慣

ものとかぞく
水谷妙子

扶桑社

はじめに

2020年春、新型コロナ感染症の影響で巣ごもりをした日々は、今振り返ってもハードなものでした。休校中の小学生、登園自粛の保育園児2人、在宅ワークの夫と私。5人で過ごす家をより快適にするため、住環境の見直しを急ピッチで進めました。

緊急事態宣言明けに無印良品の店内へ足を踏み入れると、穏やかなBGMと見慣れた売り場。急激な変化に振り回されていた気持ちがホッと落ち着きました。店の中をゆっくり歩き、商品を手に取ると、次々と暮らしのアイデアが浮かんできます。これまで見過ごしてきたものも、今なら役に立つかもしれない……！　久しぶりに心が躍り、前向きな気持ちになれました。

かつて無印良品で生活雑貨の商品開発をしていた私は「こんなものないかな」と思ったら、まず無印良品へ足を運びます。たとえば、テーブルの掃除が面倒なときは掃除用品コーナーへ。出しっぱなしでもOKな「卓上ほうき（ちりとり付き)」をテーブルのすぐそばに置いたら、私はもちろん、家族もこまめに掃除する習慣が生まれました。また、アロマ用品コーナーで見つけた「アロマストーン 皿付・グレー」は、火や電気を使わずに香りを楽しめるすぐれもの。初心者の私にはちょうどいいかも! と思って気軽な気持ちで使ってみたところ、今では気分転換に欠かせないアイテムになりました。

朝起きてから、夜寝ているときも。暮らし全体をぐるりと見渡して「何か変えたいな」と思ったときは、無印良品の力を借りてみてはどうでしょう。どんな家にも溶け込み、無理なく長く使えて、いつの間にか暮らしに定着します。こうして生まれた新しい習慣は、毎朝の歯磨きのような静かな満足感をもたらし、心地よい暮らしを生み出します。

この本では、わが家で使っている無印良品のアイテムをご紹介。みなさまの「新しい習慣」に役立てていただけると嬉しいです。

ものとかぞく　水谷妙子

もくじ

育む

いたわる

Column

＊本書に掲載したアイテムの商品データは、巻末でご紹介しています。文中の商品名のあとに記載されたページをご覧ください。

無印良品と暮らしの習慣

1

衣食住のアイテムが見つかるから、「こう暮らしたい！」がかなう

10年前に東日本大震災が起きたとき、私は東京・池袋の本社に一晩足止めになりました。そのとき、生活雑貨チームからマットレスやシーツ、衣服チームからパジャマ、食品チームからカレー、とさまざまものが配布され、「すごいな無印良品、何でもそろっている！」と実感。自分たちが世に送り出しているものに救われ、人の暮らしに深く関わっていることを再認識しました。

退社して整理収納アドバイザーとして情報発信するようになった今、より無印良品の人気を実感しています。なぜなら、オリジナル商品を中心に展開し、食べ物から家具や家電までそろうお店は珍しいから。共通のコンセプトに基づいているので、衣食住とカテゴリーが違っても、自然にテイストがそろい、空間に一体感が生まれます。お店が全国に点在し、実際に手にして買い求められるのも大きなメリット。気になるものを気軽に買って、すぐに試せるのは貴重な存在です。

コロナ禍で家族で過ごす時間や在宅ワークの機会が増え、家を見直したい……。インテリアを充実させたいし、ワークスペースも欲しい……。暮らしをちょっと変えたいときに、身近にある気楽さと何でもそろう安心感で、背中を押してくれるのが、無印良品の魅力です。

五穀米ごはんの鮭おにぎり［P119］、素材を生かしたカレー　バターチキン、食べるスープ　揚げ茄子とほうれん草の味噌汁［P120］、やわらかポリエチレンケース・ハーフ・中［P115］、シリコーン調理スプーン［P116］、アルミ洗濯用ハンガー・3本組、卓上ほうき（ちりとり付き）［P117］、スチールチェア・樹脂座（ダークグレー）、綿ワッフルフェイスタオル・薄手［P118］、インド綿天竺編み　ボーダー半袖Tシャツ（キッズ）、らくらく動けるデニムテーパードパンツ（キッズ）、ノート・無地［P122］、こすって消せるボールペン［P123］、化粧水・敏感肌用・高保湿タイプ（大容量）［P123］、アイカラー4色タイプ・ブラウン［P124］、白いバラのブーケ S［P125］、エッセンシャルオイル　ゼラニウム［P124］

2

シンプルかつフレキシブル。暮らしの変化にアジャストしやすい

とことんシンプル――これは80年代の華美なデザインへのアンチテーゼから生まれたものです。暮らしの主役は人であり、ものは背景である。その理念に基づいたものづくりは、いい意味での無個性の追究。年齢や性別、趣味嗜好のフィルターを取り去ったあとに残る要素を抽出した結果、だれもが受け入れやすいものになります。

際立った特徴を前面に押し出さず、個性を削ぎ落とされたものは、あらゆる暮らしに溶け込みます。どんな住宅、どんな使い方、どんな人にも。収納が苦手であまり考えたくない人にとっては、「まぁ、どこかで使えるか」と思え、実際どこでも使えます。

つまりは汎用性が高く、使い手の好きに使っていい。私は同じファイルボックスをキッチンの食品ストック用に、洗面所の消耗品ストック用に、と家じゅうで使い回しています。将来、ライフステージが変わっても、引っ越しても、おそらく使い続けるでしょう。

何よりいいのは、収納を変化させることに躊躇がないこと。思い立ったら即！　望む暮らしが手に入り、抱えていたストレスから解放されます。しかも買い替えいらずで、経済的なメリットが大いにあります。

In the
KITCHEN

In the
WASH ROOM

ポリプロピレンファイルボックス・スタンダードタイプ・ワイド・½ [P113]

3

世の中の動きに敏感。「ちょっといいかも」が気軽に試せる

無印良品は定番品やロングセラー商品が充実していることから、「ずっと一緒」「変わらぬ安心感」を期待している人が多いと思います。

もちろんその魅力もありますが、じつは少しずつ進化していて、お店を訪ねるたびに新たな発見があります。これには、環境に配慮した素材選びや実質本位のものづくりなど、無印良品の企業理念が大きく影響しています。

私が今気に入っているのはお菓子の量り売りで、クッキー、せんべい、チョコレート、ラムネなど全27種類から1g4円で購入できるしくみ（20g以上。一部店舗で実施）。好きなものを好きなだけ選べるので満足度が高く、無駄なごみも出ません。傍らには巾着袋も売っていて、ちょっとしたプレゼントやお返しなどに使えます。

ほかにも、飲料水の給水サービスや家具の月額定額サービスなど新たな試みに挑戦し、「そうそう、これでいいよね」「こういうのがあれば！」という私たちの希望を形にしてくれます。

暮らしの違和感にいち早く気づき、半歩先の未来を示してくれる。それが次の暮らしの定番を生み、新しい習慣をつくってくれるのです。

量り売り　ココアとバニラのクッキー、同ピスタチオとバニラのクッキー、同いちごチョコマシュマロ、同チョコがけ大豆、同トマトおかき [P120]

水谷家の新しい一日

わが家の家事や子育てはシフト制で、朝は夫、夜は私が担当。時間で入れ替わるやり方は、うまい具合にひとりの時間ができて、私たちの暮らしにすっかり定着しています。最近は夫が週2日在宅ワークになり、暮らしにも変化が。わが家の一日の時間割をご紹介します。

Morning ／ 家事の主役は夫

アルミ洗濯用ハンガー・3本組 [P117]

5:20

洗濯と保育園準備

起床後に部屋の換気をし、麦茶を煮出して洗濯を開始。前日の汚れ物をリセットします。シャツやズボンはハンガーにかけて室内干し。物干しに残っている洗濯物を子ども部屋に運び、たたみながら保育園の準備。

アクリル仕切棚・小 [P115]

5:40

食洗機のあと片づけ

朝食のメニューを決め、冷凍庫から材料をピックアップしてカウンターへ。食洗機から前夜洗った食器を取り出し、背面の棚へサササッと戻します。長女と長男が起きるまで仕事をし、日が上ったら植物の水やり。

五穀米ごはんの鮭おにぎり、醤油からあげ［P119］

7:10

家族そろって朝食

朝食をつくりながら、子どもたちの水筒に麦茶を準備。二男と私も起床し、家族全員で朝食を食べます。この日はおにぎりと唐揚げ、フルーツでしたが、チーズトーストやパンケーキなどコロナ禍でバリエーションが豊富に。

8:00

登園前に片づけ

朝食後に子どもたちの身支度を手伝い、長女を学校へ送り出します。子ども部屋におもちゃが散らかっていたら、長男と二男で片づけ。おもちゃの片づけを私の家事にはしません。その後、子どもたちは保育園へ。

ポリエステル綿麻混・ソフトボックス長方形・中、やわらかポリエチレンケース・ハーフ・中［P115］

8:25

家を整える

掃除機とハンディモップを手に持ち、ほこりをふき取りつつ、床を掃除機がけ。ソファもカーペットクリーナーでザッと汚れを取ります。巣ごもりで家時間が長くなってから、花を欠かさなくなりました。

（愛でる楽しみを）

Daytime ／ 仕事と自分の時間

8:45

仕事スタート

スマホで音声SNSなどを聞きながら、メールチェック。スケジュールや「今日やること」を確認し、優先順位の高い順にこなします。頭を整理したり、アイデアを書き留めたりするため、傍らにはノートとペンを。

週刊誌4コマノート・ミニ、ポリプロピレン　ダブルペンケース［P122］

ごはんにかける　ユッケジャン［P120］、
ブナ材テーブルスプーン、竹箸10膳入［P119］

12:00

カフェ風ランチ

夫が在宅ワークの日でもランチは別々。自由なひとり時間を楽しみます。調理に火は使わず、レトルトと冷凍ご飯をレンチン。レトルトは自分ではつくらないような韓国や中国の料理を買い置きし、カフェ気分を満喫。

洗いざらしオックススタンドカラーシャツ、POOL　いろいろの服　ギャザーエプロン　チャコール（IDÉE）、同アトリエコート　ホワイト（IDÉE）［P121］

（上着かけを新設）

アルミ洗濯用ハンガー・3本組［P117］

12:40

外回りの仕事

企業との打ち合わせのほか、仕事で使う収納用品を探しに出かけます。帰宅したときに室内にウイルスや花粉を持ち込まないよう、玄関に上着かけをつくりました。手洗いをすませたら、財布の中の領収書を整理。

☾ Night ／ 家族で過ごす

シリコーン調理スプーン [P116]

18:00

夕食づくり

帰宅した子どもたちと入浴し、髪を乾かすと18時。夕食は具だくさんのみそ汁とおかずの一汁一菜に。調理道具はひとつで何役も兼ねられるもので、洗い物を減らします。あと片づけをすませ、テーブルの周囲を軽く掃除。

アクリルクリップボード [P122]、手元をてらすリビングライト [P118]

19:00

プリント整理

長女が宿題をするタイミングで、学校や習い事からもらってきたプリントをチェック。いらないものは処分し、必要なものを残します。書類はどんどんたまるので、日々の整理が大事。同時に本日２回目の洗濯を開始。

おえかきロール紙 [P123]

19:45

つくる遊び

子どもたちは絵を描いたり、折り紙を折るのが大好き。いつの頃からか食後は思い思いに何かをつくるようになりました。ご機嫌になったところで、洗い上がった洗濯物を一緒に干します。その後、寝かしつけを。

カフェインレス　アールグレイ［P120］、美濃焼　蕎麦猪口、萬古焼　蕎麦猪口（Found MUJI）［P119］

21:00

夫婦で雑談

子どもたちが寝たあと、夫婦でお茶をします。コロナ禍での在宅ワーク中は、「お茶飲む？」「アイスいる？」など何げない声かけが増えました。いいことも悪いことも、ためないように。

21:15

入浴後にお風呂掃除

わが家は最後に入浴した人が掃除をするルール。夫婦どちらがやっても苦にならないよう、掃除道具には柄つきのブラシを用意しました。腰への負担が少なく、浴槽の汚れをラクに落とせます。排水口のネットも交換。

23:00

体をほぐす

コロナ禍以降パーソナルトレーニングを始め、体を見つめる時間をもつように。就寝前に専用ローラーで体の歪みを整えています。ゆったりとしたパジャマなら、ストレッチもラク。音楽とアロマの力も借りてリラックス。

（五感を解放！）

インド綿　二重ガーゼクルタ、ストレッチ天竺編み　十分丈レギンス［P121］

週末の新たな習慣

家族で過ごす時間が増え、すごろくやパズルなどのアナログゲームが復活！　床座りができるローテーブルはみんなが参加しやすいうえ、4歳児の相手もしやすく気に入っています。折りたたみ式を選び、使うときだけセット。

パイン材ローテーブル・折りたたみ式［P118］

回す

マスクやタオルをマメに洗ったり、エコバッグを用意したり……。このところの生活環境の変化で、家事のタスクが増えています。

こんなときこそものの力を借りて、負担をなるべく軽く。料理、掃除、洗濯……家事道具の進化は素晴らしく、頼りになります。

「適度な弾力と
絶妙の深さが◎」

シリコーン調理スプーン

火を使うのは夕食だけにする

以前は気軽に外食を楽しんでいたのですが、今は自炊中心の生活に。気づいたら一日中キッチンにいる！　とならないよう、料理は担当制にしています。朝食は夫、昼食と夕食は私。昼はレンジ調理で簡単にすませるので、私が火を使うのは夕食だけです。

献立は基本、一汁一菜で、約20分で一気につくります。調理道具も厳選し、**シリコー**

一本3役で、
最初から最後まで
一気にこなす

料理を炒めて盛りつけるだけでなく、フライパンや鍋についた汚れを落とすのも簡単。とくに、カレーやシチューなどの洗い物が格段にラクになります。柄の長さはヘラとお玉の中間で、どちらの作業もしやすい設計。これ一本ですむので、収納も省スペースです。

ン調理スプーン［P116］を愛用。「炒める→盛る→洗う」がこれ一本ですみ、あれこれと道具を使い分ける必要がないので時短です。

　調理スプーンは木ベラとお玉のいいとこ取りをしたもの。硬さと弾力をあわせ持ち、全体をザッと混ぜ合わせたり、縁や底についた料理をぬぐい取ってくれます。浅めのスプーンはタレや汁けをすくいやすく、盛りつけもあっという間。シリコーン特有の経年変化による黄変も、最初から黒なら気になりません。

　面倒な食事づくりは、道具の力でラクに。これさえあれば、20分で家族に温かな料理を出すことができます。

冷蔵庫と調理台の動線が短く、食材の出し入れが便利。背面の吊り戸棚には食器、カウンター下に食品やカトラリー、コップを収納。

夕食の調理手順

夕食はみそ汁とおかずの一汁一菜。便利なキットを利用し、献立に悩みません。材料はまとめて切り、煮炊きはコンロ2つで同時進行。

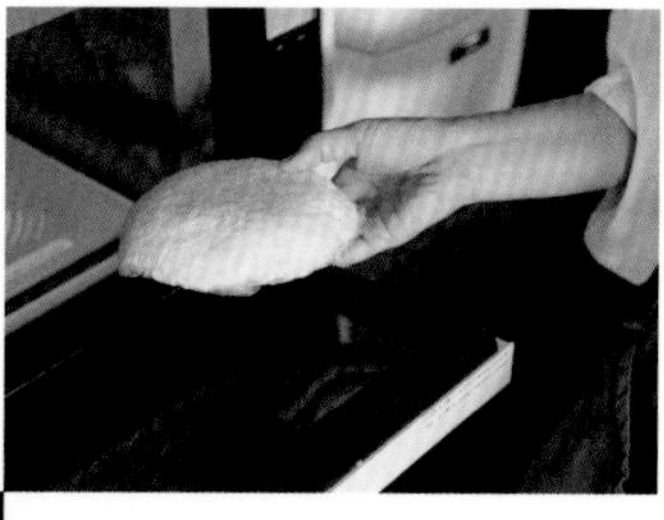

木の器を使って冷凍

専用の保存容器は持たず、**アカシア 深皿** [P119] を使ってラップで冷凍。ラップがくっつきにくいうえ、円盤状は熱の通りが均一。

1 冷凍ご飯を温める

冷凍ご飯を電子レンジでチン。ご飯の分量を決めておけば(写真は約1合分)、解凍時間を迷いません。ご飯は3～4日に一度まとめ炊き。

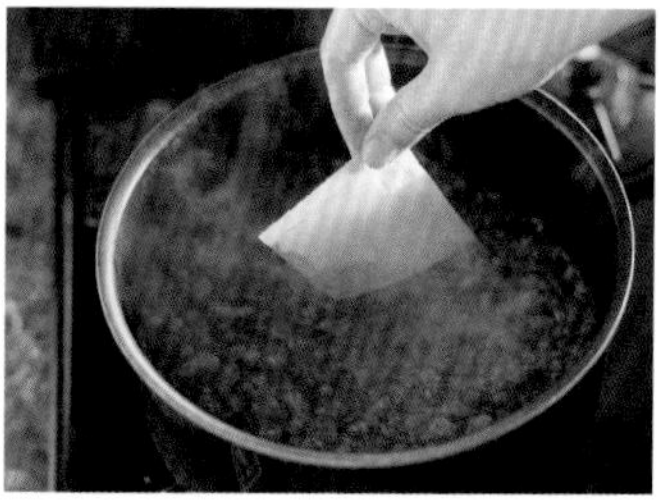

2 みそ汁用の湯を沸かす

鍋に湯を沸かし、煮立ったらだしパックを投入。

3 おかずのキットを選ぶ

2が沸騰する間におかずキットを選びます(写真は「ミートボールラタトゥイユ」)。キットは2～3人分なので、ひき肉と野菜を加えてボリュームアップ。野菜はみそ汁用と一緒に冷蔵庫から取り出します。

4 おかずとみそ汁の野菜を切る

野菜をまとめて洗い、水けをきってまな板へ。おかずとみそ汁用を一気にカットします。

5 みそ汁の野菜を投入

鍋からだしパックを取り除き、にんじん、いんげんの順に入れて煮ます。

6 おかずの具材を炒めたら蒸し焼きに

フライパンにミートボールとひき肉を入れ、**シリコーン調理スプーン**［P116］で炒めます。色が変わったら野菜を加えて炒め合わせ、フタをして蒸し焼きに。

フライパンと鍋ブタは、コンロ下にまとめて。幅違いの**アクリル仕切りスタンド 3仕切り**［P115］にひとつずつ立てて、取り出しやすくしています。

（フライパンもサッと出せる）

7 蒸し焼きの間にみそ汁を仕上げる

みそ汁の鍋に、冷蔵庫に常備している乾燥わかめや高野豆腐などの乾物を加えます。火が通ったらみそを溶かし入れ、卵を**ステンレス泡立て・小**［P116］で混ぜて流し入れます。

8 おかずの味つけをする

フライパンのフタを取り、キットについているトマトソースで調味します。最後にケチャップを**シリコーンジャムスプーン**［P116］ですくい入れ、味をととのえたらでき上がり。

＼ 完成！ ／

回す

小さな道具で もっと料理の効率化を

女性の手になじみ、手首の返しがスムーズ。回転率が高いせいか、ホットケーキの粉と水が短時間で混ざります。ゼリーづくりにも。

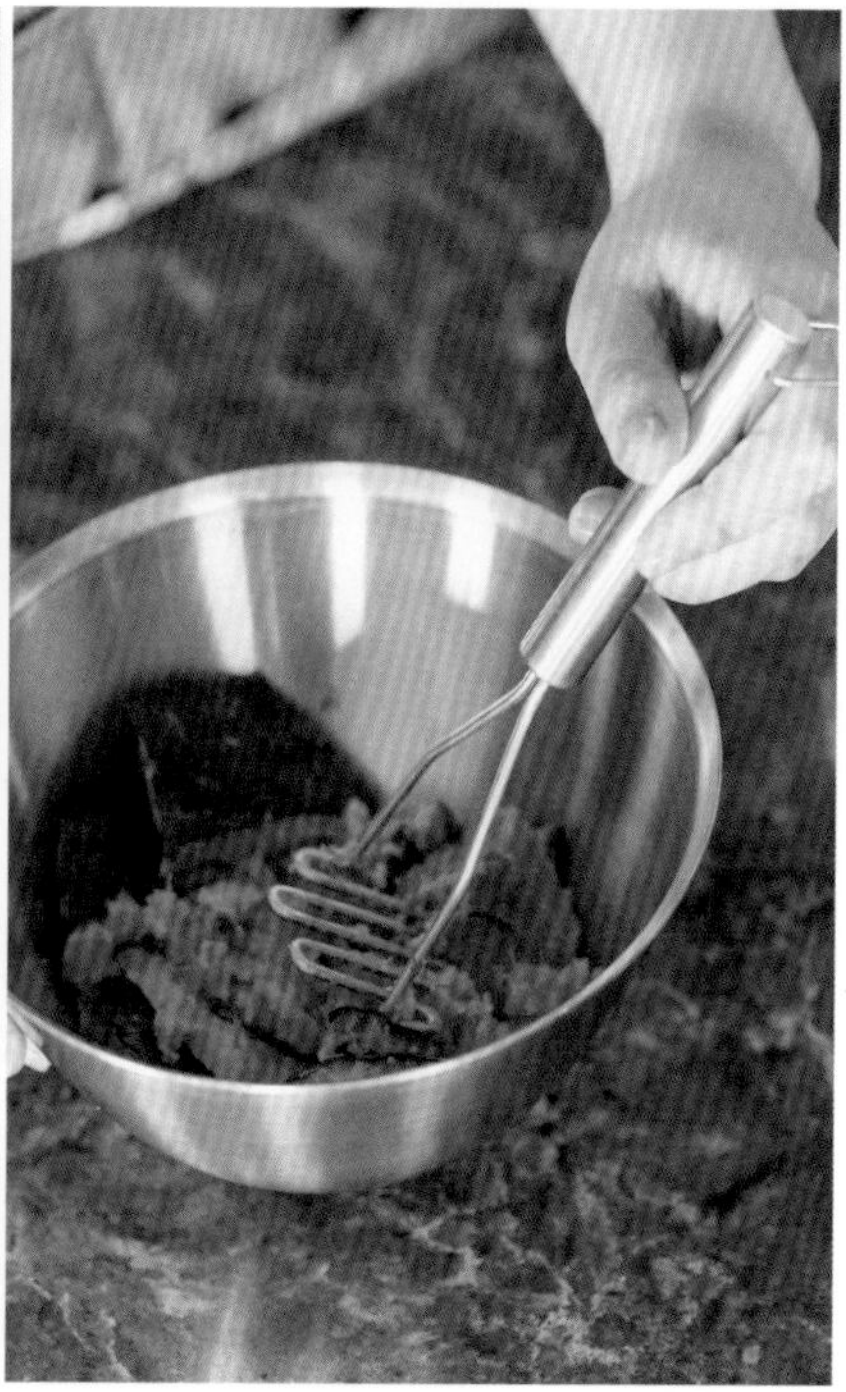

使い始めてそろそろ10年。一本のステンレスを一筆書きのように曲げたつくりで丈夫。網目状のものに比べて、汚れも落ちやすい。

夕食づくりにかける時間はだいたい20分。一汁一菜が多いのですが、時間に余裕があるときは二菜にすることも。

よくつくるのは、かぼちゃサラダ。かぼちゃをつぶすときは、あえて小さな**ステンレス　マッシャー**［P116］を使っています。小回りが利いて、素早く均一につぶせます。省スペースで場所をとらず、洗うのも簡単。卵を溶いたり、ドレッシングをつくるときは、**ステンレス泡立て・小**［P116］でシャカシャカと混ぜます。

考えてみれば、毎日大量のじゃがいもをつぶさないし、ホイップクリームをつくるならハンドミキサーを使えばいい。

情報の海からベストなものを探すのは至難の業で、人は刷り込まれたイメージに頼りがちです。たとえばマッシャーや泡立て器は大きいほうが便利よね、と。「私の用途に合うものはどれ?」と考えて選べば料理の効率はもっと上がります。

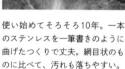

ステイホーム期間中は、ふだんはつくらない昼食を5人分用意するなど、食材のコントロールに苦労しました。いつもより多めに買って、冷蔵庫がいっぱいになったり……。

困るのは、野菜などの生ものが食べきれなかったとき。ある日、「漬物にしたらどうだろう?」と思いつき、**発酵ぬかどこ**［P120］を購入。すると、子どもたちが苦手だったにんじんを食べるように！　ほかにも、きゅうり、かぶ、大根と種類が拡大中で、朝食担当の夫と「1品増えていいね！」と大喜び。おいしく消費できる方法を知っていれば、在庫管理に悩まずにすみます。

一方、日持ちする乾物やレトルト食品なども在庫がふくらみ、収納スペースの見直しを迫られました。こちらはファイルボックスをふたつ増やし、「適量」をアップデート。

発酵済みのぬか床なら、野菜がすぐ漬かります。しかも、かき混ぜいらず。袋はそのまま使えるため、容器を準備する必要なし。

食材を食べきる方法を見つける

ポリプロピレンファイルボックス・スタンダードタイプ・ワイド・½［P113］は幅15cmでカレーやラーメンなどがロスなく入ります。

回す

冷蔵庫の「見える化」を徹底する

冷蔵庫は一日に何度も開け閉めする場所。とくにステイホームの最中は、家族が頻繁に利用するので、食材の「見える化」が必須です。扉を開けたら「何がどこに、どのくらいあるか」がひと目でわかるようにしています。

冷蔵室は**ポリプロピレン整理ボックス4**［P115］で仕切り、ひとつひとつのボックスに入れるものを決めてい

「奥行き34cmは冷蔵庫にぴったり」

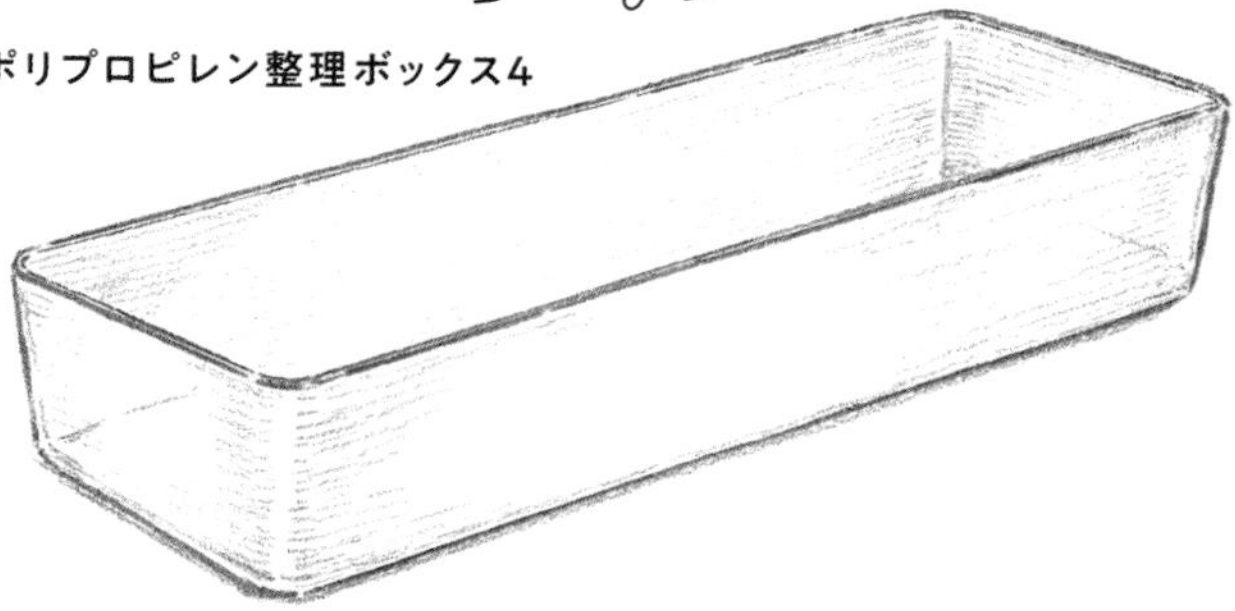

ポリプロピレン整理ボックス4

「野菜がしっかり立つ深さ約17cm」

ポリプロピレンメイクボックス

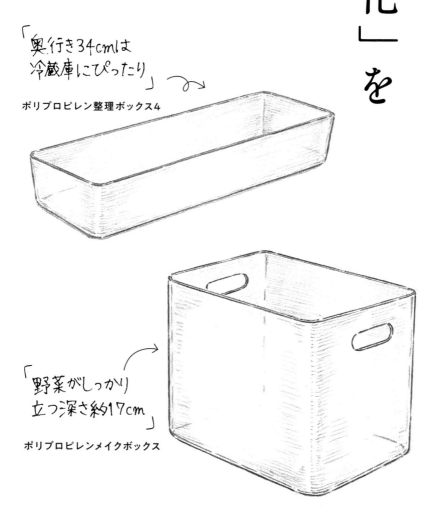

ます。このボックスは奥行きがあるので、庫内のスペースをフルに生かせ、奥のものを取り残しません。冷蔵室はよく使うものが手前に集まりがち。すると奥のものの存在を忘れて腐らせてしまいます。また、半透明なら中身が見え、庫内の見通しがよくなります。

野菜室は深さのある**ポリプロピレンメイクボックス**「P114」に野菜を立てて、重ねないように。ボックスで仕切ればものが混在せず、「何がどこにあるか」が一目瞭然。上から全種類が見渡せて、瞬間的に手が伸びます。

おかげで「あれどこー?」と聞かれることがなくなり、食材ロスもほぼゼロ。「見える化」で無駄も減らせます。

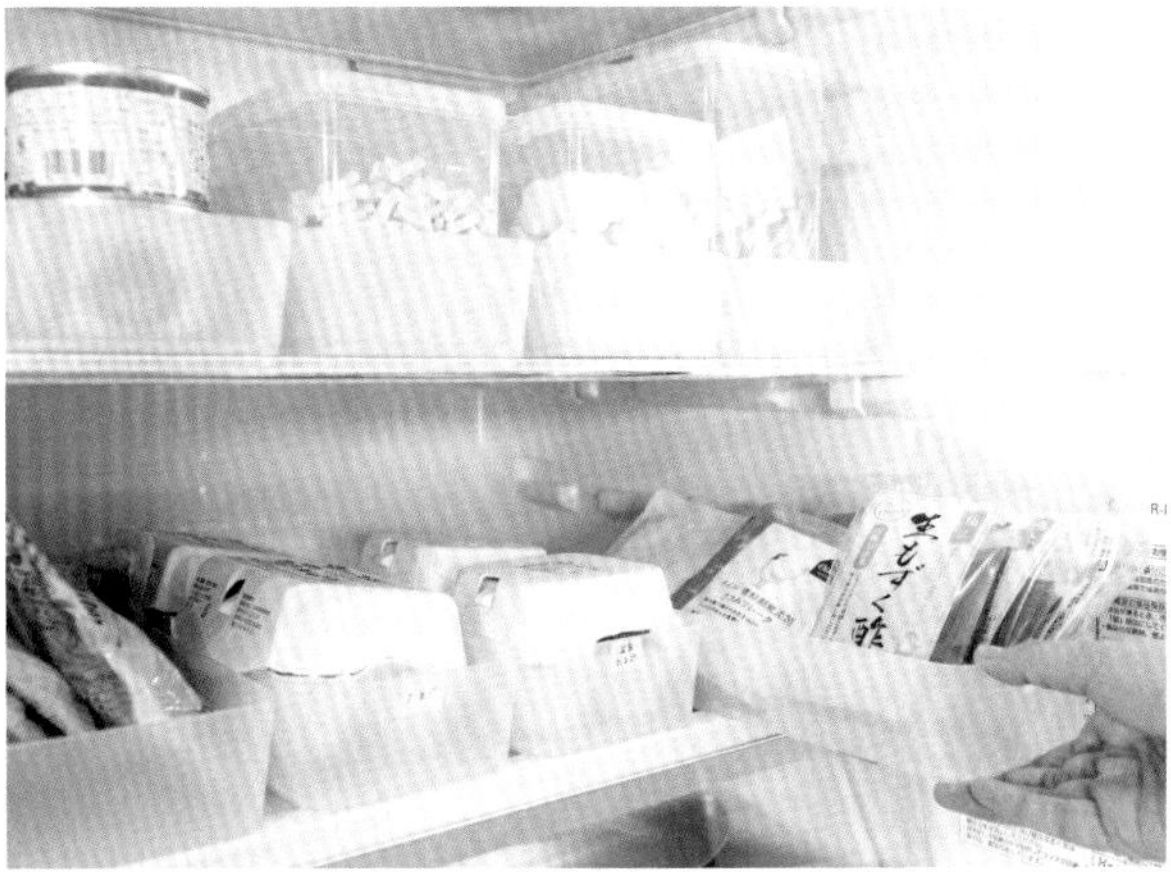

引き出すケースで奥も「見える」

細長いボックスを並べ、奥のものを引き出します。ボックスの中身は朝食セット、みそ汁の具などと分類し、指定席制に。

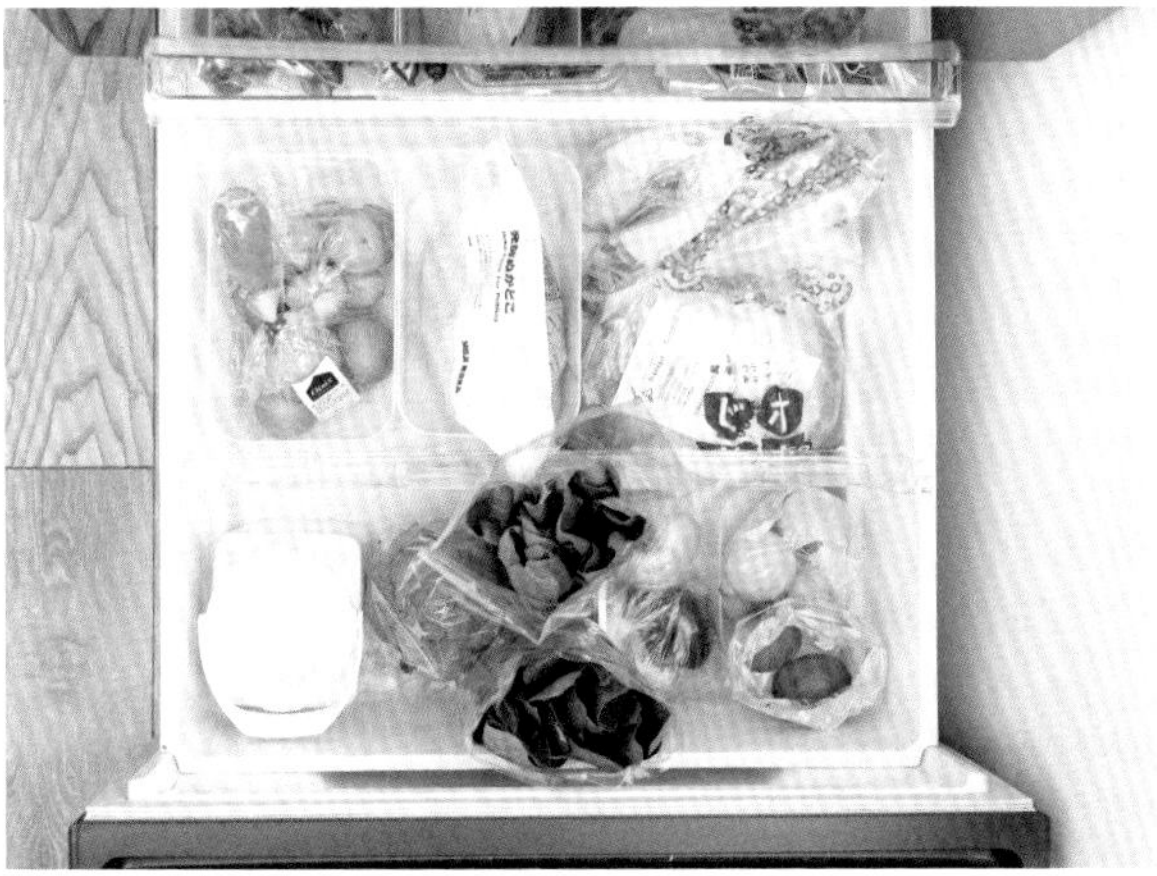

立てて重ならないから「見える」

倒れやすい野菜はボックスに立てて、埋もれないように。ボックスの角が丸いので、にんじんや玉ねぎなどが無駄なく収まります。

冷蔵庫収納

家族みんなが使う冷蔵庫は、もののありかをはっきりと。ボックスやピンチフックを利用し、すべてのものが見えるようにしています。

すき間が多く、見通しのいい冷蔵庫。ものは上に積まず、ボックスに立てて収納しています。ボックスを引き出して奥を活用することで、手前からの詰め込みを阻止。

冷蔵室

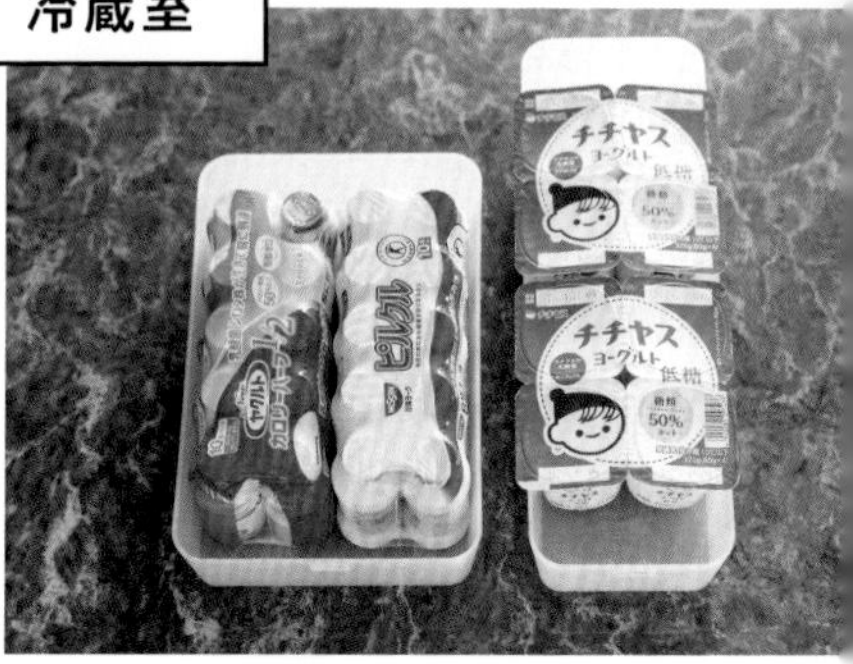

定番品の指定席を確保し、在庫管理をラクに

毎日消費するヨーグルトや乳酸飲料は、パックごと**ポリプロピレン整理ボックス3**と**同4**［P115］に入れて。残り個数をカウントしやすく、補充のタイミングを逃しません。

賞味期限間近のものを集めて、食べきる工夫

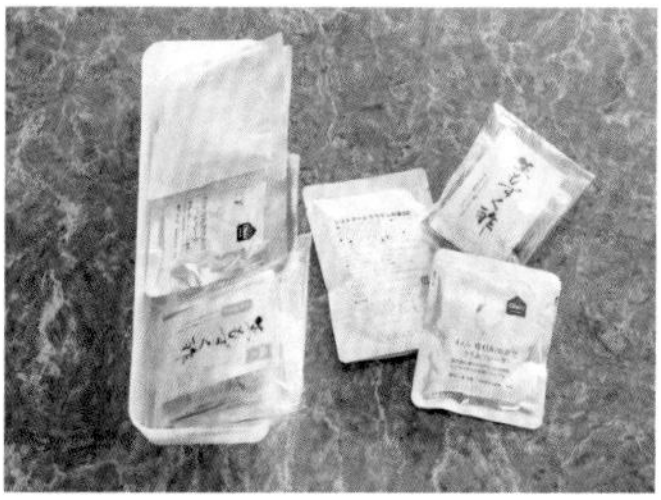

賞味期限が迫った食品は**ポリプロピレン整理ボックス4**［P115］にまとめ、目につく位置に。夕食づくりで中身を確認し、メニューに加えています。

みそ汁の具材はまとめて、出し入れしやすく

夕食に必ず登場するみそ汁。みそやだし、乾燥わかめなどをケースに入れ、**ポリプロピレン整理ボックス4**［P115］へ。ボックスごと出し入れし、準備と片づけをスピーディに。

朝食セットをつくれば、朝バタバタしない

チーズや卵など朝食用の食材を**ポリプロピレン整理ボックス4**［P115］にまとめれば、メニューがパッと決まって時短。朝食担当の夫がわかりやすいよう、冷蔵庫の一等地に。

ドアポケット

ブックエンドでボトルの「共倒れ」を防止

ドアポケットに入れた調味料が倒れるとプチストレス。そこで、**スチール仕切板**［P122］の中サイズをストッパーに。高さがあるので、ボトルをしっかり支えてくれます。

紛れやすい小袋はピンチフックに吊るして

食品やテイクアウト料理についてきたタレやケチャップは、**ステンレスひっかけるワイヤークリップ**［P116］に吊るして。あえて目立つ位置に置いて、どんどん使うように。

パーシャル室

ボックスで個室化し、食材を混在させない

冷凍室の引き出しに**ポリプロピレンメイクボックス・½、同½横ハーフ**［P114］を並べ、冷凍食品を収納。袋物はできるだけ積み重ねず、全部を見渡せるように。

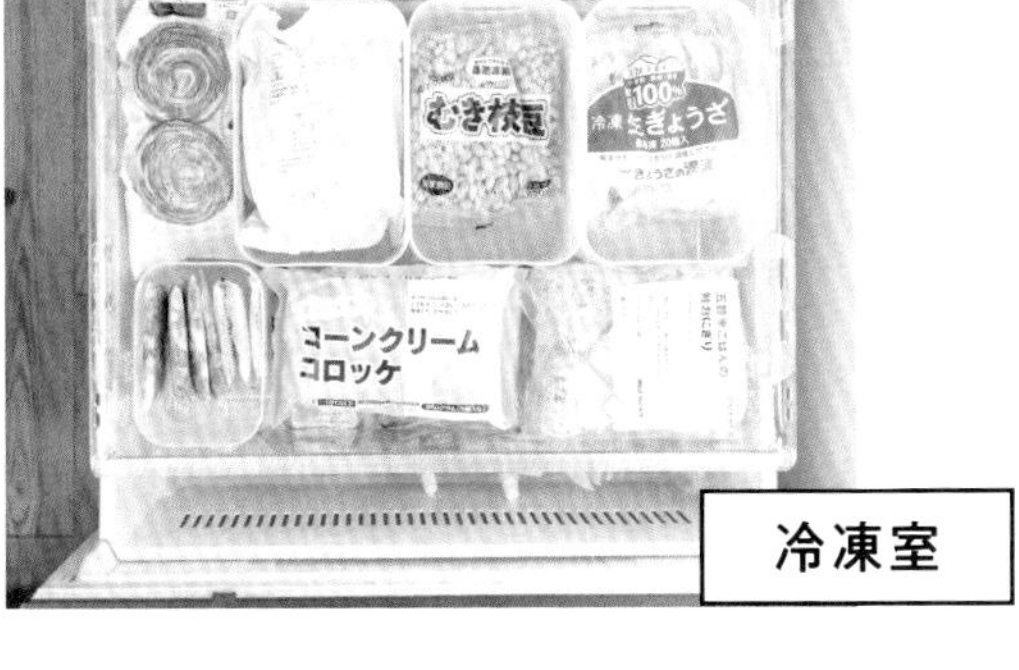

冷凍室

残り物は鍋ごと保存できるようすき間を

パーシャル室は２～３日で食べる肉や魚を保存する場所。スペースに余裕があるので、鍋に残ったおかずやイレギュラーの食材はここで保存します。冷蔵室はおもに常備品を収納。

「食器をのせても
たわみにくい硬さ」

アクリル仕切棚・小

「厚さ約3mmで
細長いのにしなりくい」

ポリプロピレン整理ボックス4

食器をスムーズに出し入れする

夕食をつくり終えたら、盛りつけも流れに乗ってパパッとすませたいもの。家での食事の機会が増えた今は、食器の出し入れにつまずくだけで、ストレスを感じます。

食器は1軍（日常的に使うもの）と2軍（たまにしか使わないもの）に分け、キッチン背面の吊り戸棚に収納しています。棚は手前と奥に分け、1軍を手前、2軍を奥に。奥

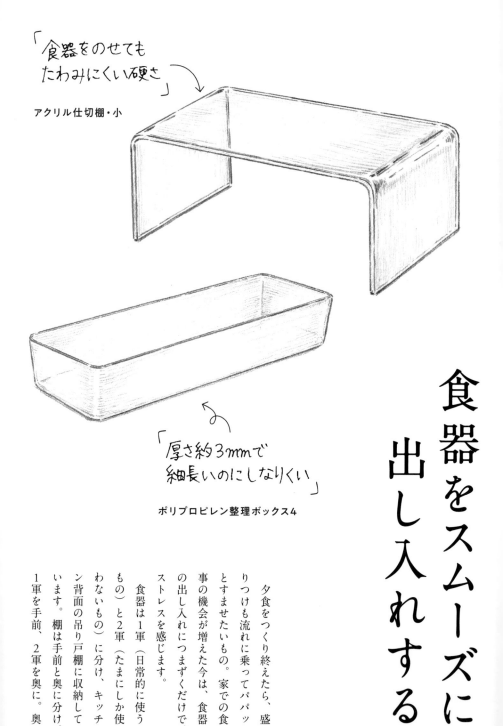

棚を上下に仕切って、重ねすぎないように

仕切棚を置いて、奥もしっかり活用。枚数を重ねすぎないので、片手で取れます。透明な棚は存在感がなく、食器を見つけやすい。

ラクに引き出せ、サッと手に取れる

厚さ3㎜のボックスは丈夫で、カップを入れてもたわみません。スピーディに引き出せ、奥のカップをラクに取り出せます。

には**アクリル仕切棚・小**［P115］を置いて高さに差をつければ、後方まで見通せて何がどこにあるかが一望できます。また、アクリルは素材自体が硬く、一体成型でジョイント部分がないため、よく見かけるワイヤー棚に比べて安定感がバツグン。食器をスムーズに出し入れできます。

　カップは目当てのものをまとめて出せるよう、種類別に**ポリプロピレン整理ボックス4**［P115］に入れ、縦列収納に。奥も引き出して使え、強度十分なボックスは安定感があります。棚にいくつも並べてレール状にすれば、カップが自然に整列し、見た目もきれいです。

マイ食器制度を卒業

茶碗は縁が内側にわずかに傾斜し、ご飯がすくいやすいつくり。箸は同じものを使えば、1本欠けても代わりがあるので安心です。

子どもが3人いると、食事の席につかせるだけで大仕事。そのうえ、食器、箸、コップ、口ふき、お茶……と準備するものが多く、いつまでたっても食事をはじめられません。

料理を食卓に運び、いざ食事！　というときに、「僕の茶碗がない」「私の箸じゃない！」となるのがイヤで、食器や箸の個人所有をやめました。

ご飯茶碗は**こども食器・磁器碗**「P118」で、大人は中、子どもは小を使用。この茶碗は高台が広く、安定感があって倒れにくいです。また、コップは子どもが握りやすい**こども食器・コップ**「P119」を。小さめで軽く、樹脂なので落としても安心です。大人の箸は**竹箸10膳入**「P119」で、選ばずにすむように。

みんな同じものにすれば準備に手間取らず、食事のスタートを気持ちよくきることができます。

家事の伝言ゲームをやめる

電子レンジには、冷凍ご飯の解凍時間を書いたラベルが貼ってあります。私にとっては毎日のことで覚えられても、「ときどき」の夫はそうはいきません。家事の連絡事項はなるべく文字で表し、「知らなかった」「忘れた」を防ぐように。**ミシン目入りマスキングテープ**［P123］は手でカットでき、思いついたときにサッと使えて、タイミングを逃しません。

毎日乗る電動自転車の充電も、大事な連絡事項のひとつ。**マグネットバー**［P122］で「充電中」と書いたお知らせボードをつくり、夫婦どちらかがバッテリーを充電するときは玄関ドアに貼るしくみに。シンプルなマグネットバーはなかなかなく、無印良品で見つけました。

夫婦の家事にありがちな「言ったよね」「聞いてない」はもう卒業。アナログ式伝達法で、家事シェアを一歩前に進めています。

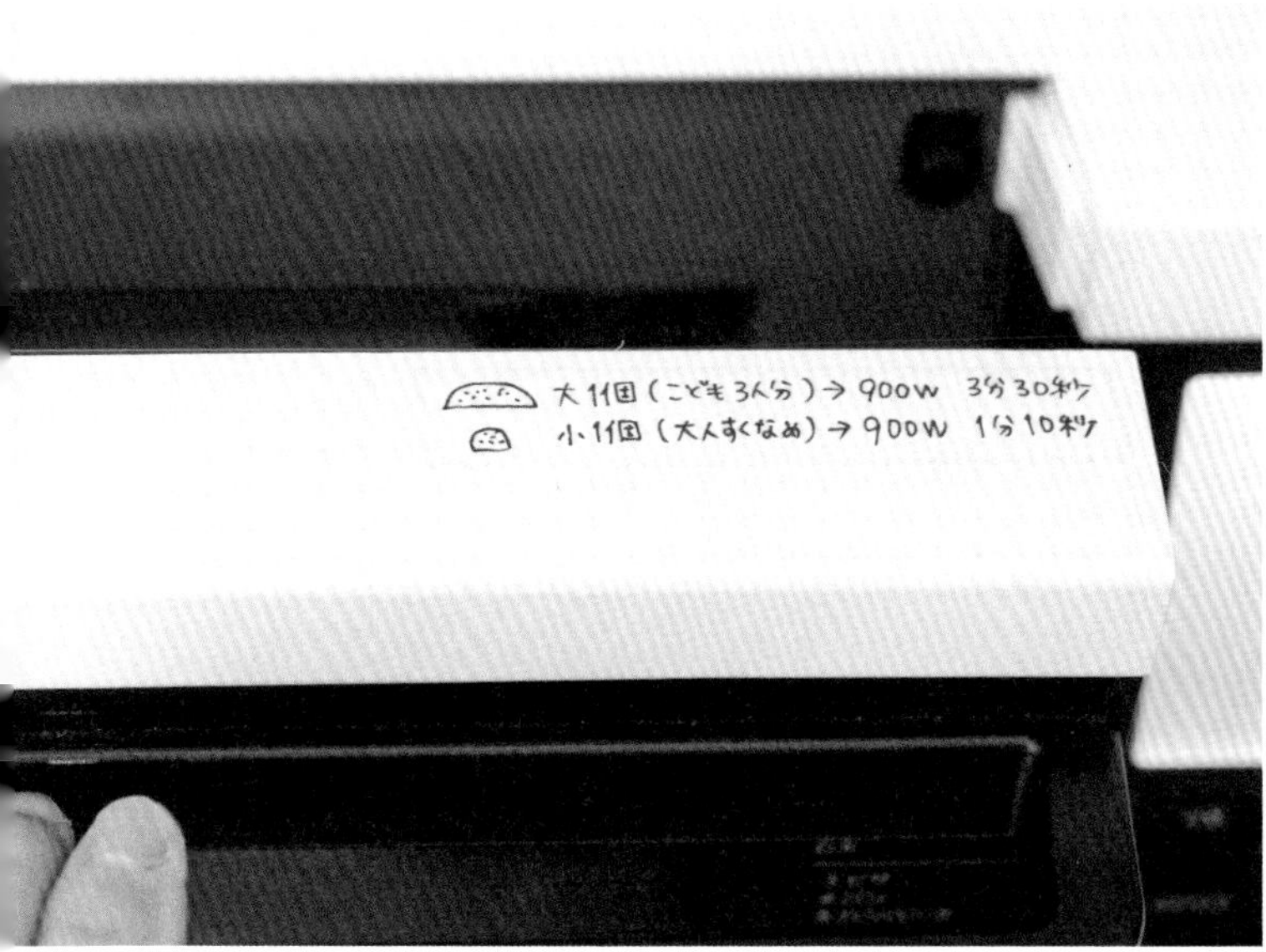

色は家電になじむ白で、文字が引き立ちます。幅狭タイプは、自然とまっすぐ書けてきれい。1cm刻みでカットでき、はさみいらず。

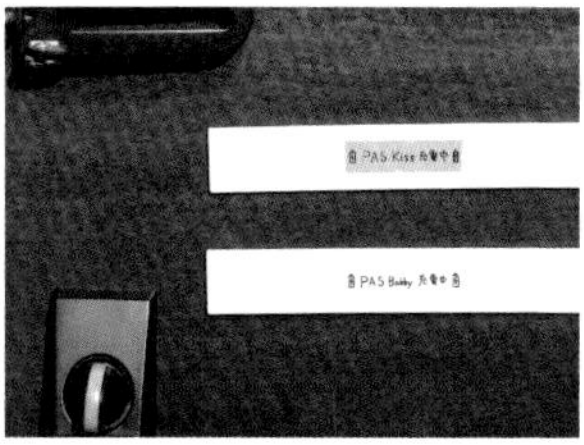

玄関ドアに貼った充電お知らせボードは、自転車の種類でマステの色を替えて。マグネットバーは裏側に爪先が入るすき間があり、簡単に取り外せます。

回す

今すぐきれいにできる道具を使う

わが家の中心はダイニングテーブル。ステイホーム期間中は自然と家族が集まり、あるときはお絵描き、あるときはおしゃべり……と一日中ここで過ごしたことも。テーブルにはお菓子の食べこぼしや消しゴムのかすが散らかり、掃除に追われました。

そんなときに役立ったのが、**卓上ほうき（ちりとり付き）**［P117］。ちりとりにほう

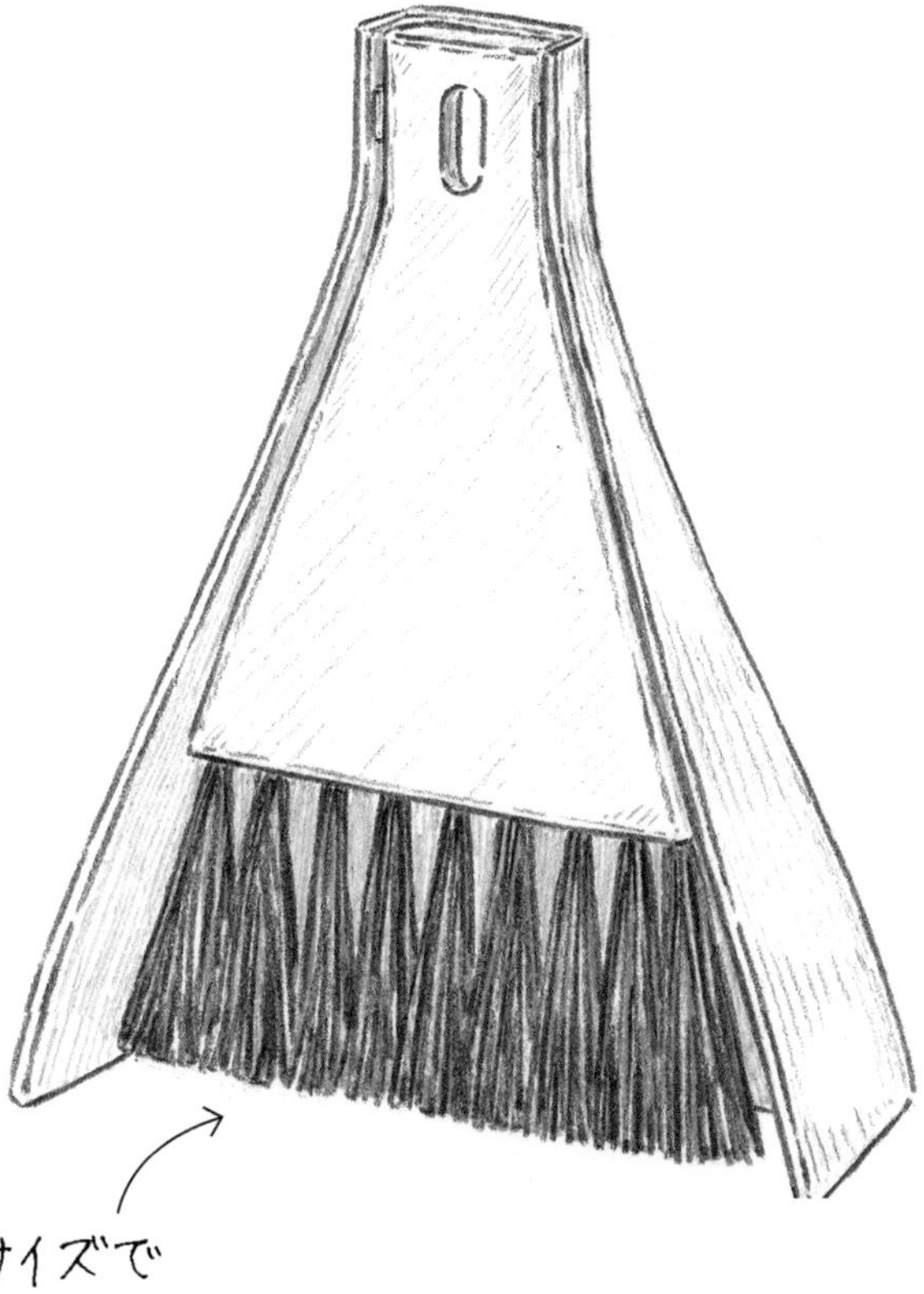

卓上ほうき（ちりとり付き）

きが収まる省スペース設計で、4cmのすき間があれば収納できます。これをテーブルそばの飾り棚に置いて、汚れたら即掃除。ポリプロピレンと馬毛の混毛は、ごみが飛び散りにくく、しっかりかき集めてくれるので、細かなごみの掃除に最適です。ハンディサイズで器用に動き、カップや文房具のすき間のごみもキャッチ。ちりとりは先端が斜めにカットされ、ごみがスムーズに入ります。

汚れは小さいうちに退治し、わざわざ大掃除しない。面倒な準備がいらない道具で、瞬発力で乗りきります。

すき間に置けて、準備いらず。即掃除に取りかかれる

使うときは、ほうきをグッと押し、ちりとりを外すだけ。ワンタッチで準備が完了します。座ったまま手を伸ばせば届く位置に収納。

（ウェットシートでも）

照明の汚れ

ウェットシートは照明についた汚れをぬぐい取れるので、テーブルにほこりを落とすことなく掃除できます。

棚のほこり

テーブルのそばにはウェットシートもスタンバイ。ほこりに気づいたら、サッと手に取り、棚や雑貨をふき掃除。

洗濯のストレスを限りなく0《ゼロ》に

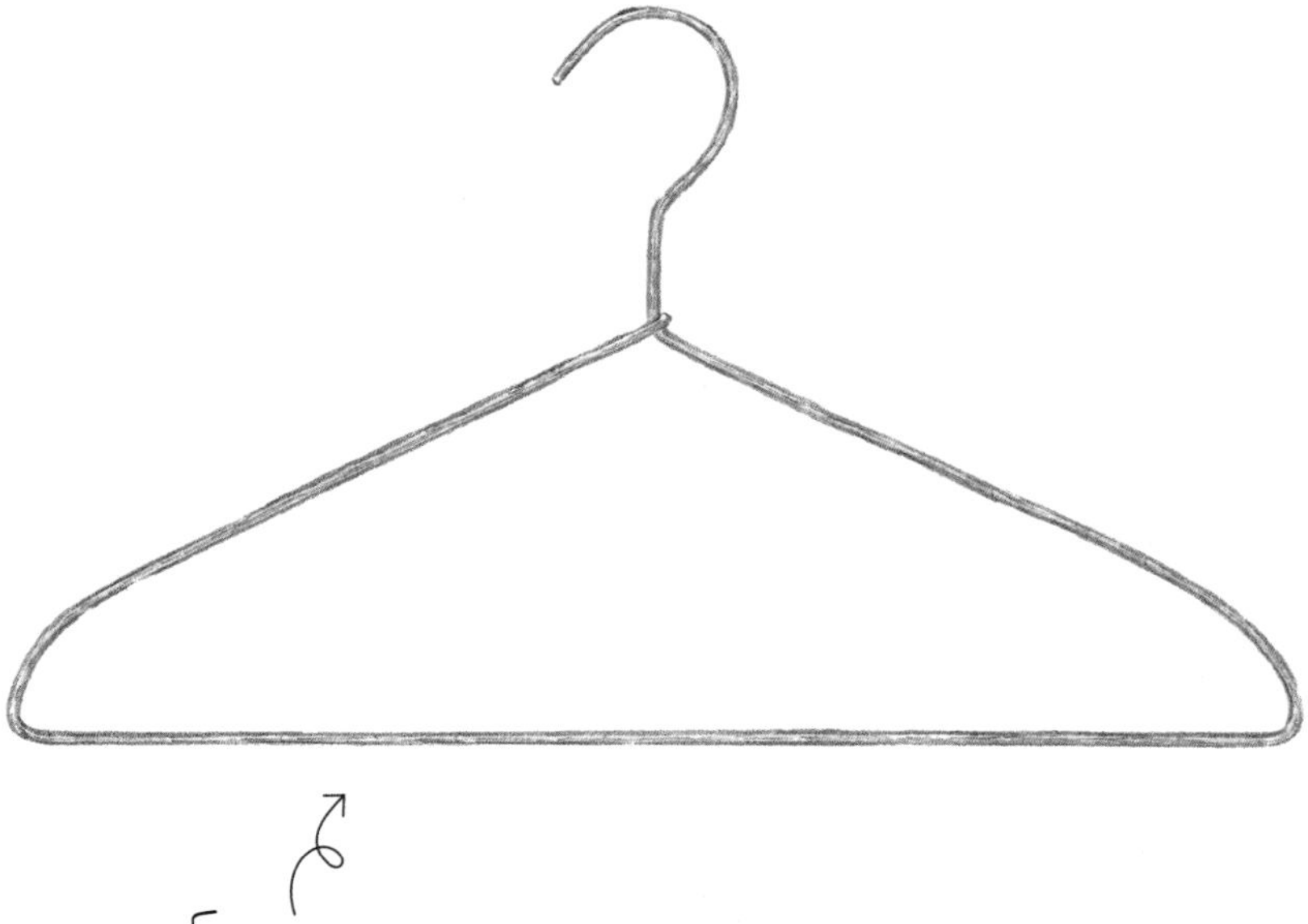

「跡がつかず
場所をとらない厚み」

アルミ洗濯用ハンガー・3本組

学年が上がり、新たな習い事をはじめた子どもたち。服に絵の具がついたり、靴下が泥だらけになったり……と派手に汚して帰ってくる日が増えました。洗濯の回数は一日2回で、夫と私で手分けして行っています。

洗濯は効率よくすませたいので、乾燥機つきの洗濯機でなるべく機械任せに。これで工程のほとんどをこなせるの

型崩れしにくいから、かけ替えなしで収納できる

両サイドの丸みが肩にピタッと沿うため、腕にかけてのラインがきれいに出ます。軽いアルミは濡れた服を干すときも、乾いてからクローゼットへ持ち運ぶときもラク。

こんな工夫も!

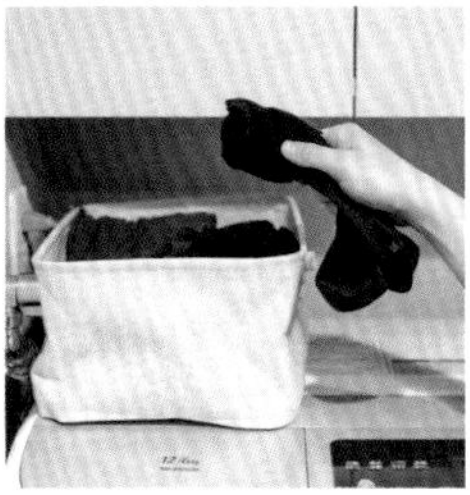

クローゼットに戻さない

洗濯乾燥機の上に**ポリエステル綿麻混・ソフトボックス・長方形・小**［P115］を。私の靴下や下着を入れ、ここから使います。

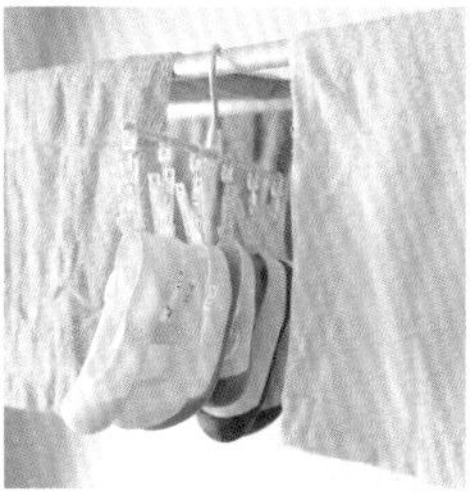

干す場所に悩まない

乾燥機にかけられない上履きは**アルミ直線ハンガー**［P117］に。1本の棒にピンチがぶら下がったつくりで、すき間に干せます。

ですが、シワが気になるシャツや縮んでほしくないボトムスはアイロンがけを回避するため、ハンガー干しにしています。

その際、乾いた服をそのままクローゼットに戻せるよう、ハンガーには**アルミ洗濯用ハンガー・3本組**［P117］を使っています。絶妙の太さと形状で、肩にハンガーの跡がつきにくく、かけ替えが不要。また、サイズは男女どちらでも使える42cm、夫と私の服を区別し、いちいちかけ分ける必要がありません。

洗濯は手作業で行う工程を見直し、ささいなストレスを解決する。これが、ラクへの近道です。

扱いやすく気持ちのいいタオルに替える

5人家族だと毎日洗うタオルも大量。少しでもかさを減らしたいと、フェイスタオルで体をふいています。

綿パイルフェイスタオル・薄手［P117］を色違いで持ち、マイタオル制に。夫のこだわりではじめましたが、子どもたちも自分のものがわかっていいようです。薄手は速乾性が高く、入浴後に洗って干すと翌日に使えるため、ひとり3枚あればOK。無印良品にはほかに厚手と中厚手もあり、色違いを含めると15種類も！　あまり知られていませんが、タオルのバリエーションが豊富です。

洗面所の手ふきタオルは、手触りにこだわり、**綿ワッフルフェイスタオル・薄手**［P118］を。凸凹とした表面で手をふわっと包み込み、吸水します。

タオルの使い勝手は、厚みや織りで変わるもの。何となく選びがちなタオルも、用途や肌触りで選ぶと、暮らしがちょっと快適になります。

洗面所の手ふき用に使っているワッフル織りのタオル。空気の通りがよいので乾きやすく、サラッとしています。

薄手は早く乾くので、生乾きで翌日に持ち越すのを防げます。たたむときは、同時に使う子どもたちの分をひとつにまとめて時短に。

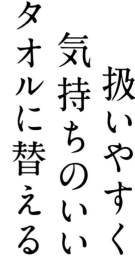

「ゆったりきちんと」な服を新調

毎朝のコーディネートで悩まないように、仕事着は白シャツと決めています。白ならボトムスの色を選ばず、身支度に時間をとられません。**洗いざらしオックススタンドカラーシャツ**［P121］は、ハリのある生地できちんと感を出せるので、仕事着に最適。身幅もゆったりし、仕事の合間の家事をラクにこなせます。スカートは、ギャザーたっぷりの**POOL　いろいろの服　ギャザーエプロン　チャコール（IDÉE）**［P121］を。座りジワが気にならず、腰に巻くのではき心地が軽やか。

外回りの仕事には、**POOL　いろいろの服　アトリエコート　ホワイト（IDÉE）**［P121］をサッと羽織って。きっちり見えるテーラードカラーと、柔らかなリネンの風合いで、こなれた印象に見えます。

もともと着心地のよい服が好き。
平日の日中は白シャツを身に着け、
子どもたちに勤務中であることを
示しています。

回す

毎日の衛生を担保する

マスクやコップは透明ケースに入れ、いつも持ち歩くバッグに。下は子どものマスクで、カットしたクリアファイルで大人用と区別。

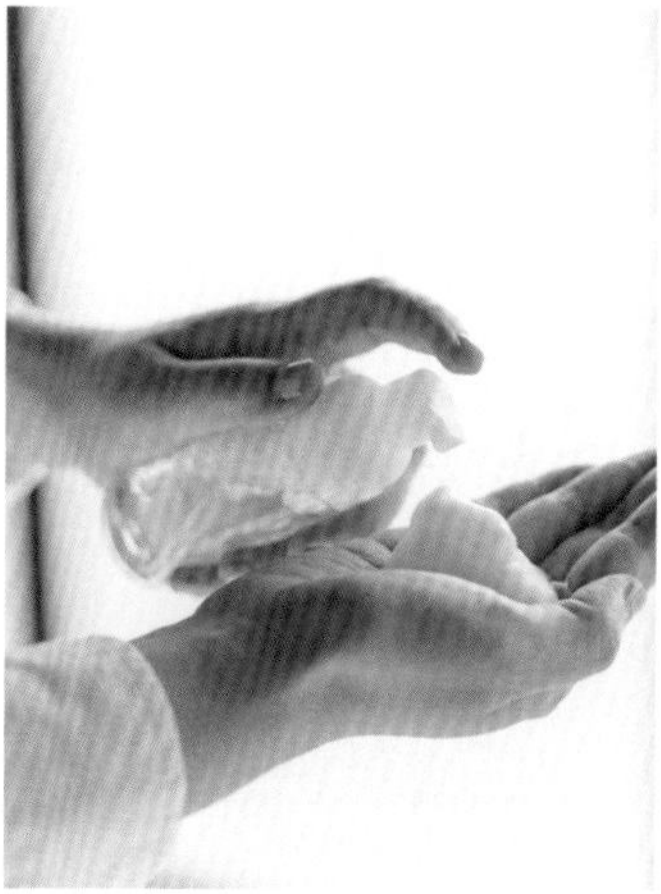

水ではなかなか泡立たないハンドソープも、泡タイプの小分けボトルを使えばこの通り。ぐずりがちな子どもを待たせません。

２０２０年の春を境に変わったのが衛生習慣。マスク着用と手洗いの励行で、子どもたちも帰宅後は洗面所に直行します。

気をつけているのが外出時で、衛生用品一式を携帯。**手指用消毒ジェル（携帯用）**、**携帯用シリコーンコップ**［Ｐ１２４］、マスク……。ジェルは小さなボトルで出し入れしやすく、気づいたときに使えます。人混みに遭遇したときは、コップでうがいも。薄くてかさばらず、適度な弾力で口に注ぎやすいです。マスクは外気に触れないよう、**ＥＶＡケース・ファスナー付**（Ｂ６）［Ｐ１１６］に。

子どもと公園に行くときは、ハンドソープを**ＰＥＴ小分けボトル・泡タイプ**［Ｐ１２４］に詰め替えて。これがあればすぐに泡立ち、手洗いがスムーズです。

持っていると安心――。そう思える準備をしっかりと。今はそれだけでも気持ちの支えになります。

玄関にエコバッグを常備する

レジ袋の有料化に伴って、わが家もエコバッグを見直しました。食材や日用品など週末のまとめ買いは夫の担当ですが、そもそもは手ぶら派。玄関の廊下収納に置き場所をつくり、エコバッグを忘れないようにしています。

エコバッグには、もともと子どものお出かけグッズを入れていた**ポリエチレンシート・トートバッグ、同ミニトートバッグ**［P121］を使うことに。レジャーシートと同じ素材ですが、色合いがシンプルで街でも抵抗なく持ち歩けます。丈夫で水分に強いため、飲料水や冷凍食品などを入れるのに最適。また、持ち手が長短2種類使えるのも便利で、夫は中身があふれそうになったら、長い持ち手でバッグの口を縛っています。

必要なものを必要量買いそろえるのは、それだけで大仕事。毎日の暮らしに不足がないようにしています。

部屋まで取りに戻らずにすむよう、玄関すぐの廊下収納に。買い足す日用品は右のボックスに空き箱を入れ、写真を撮って買い物へ。

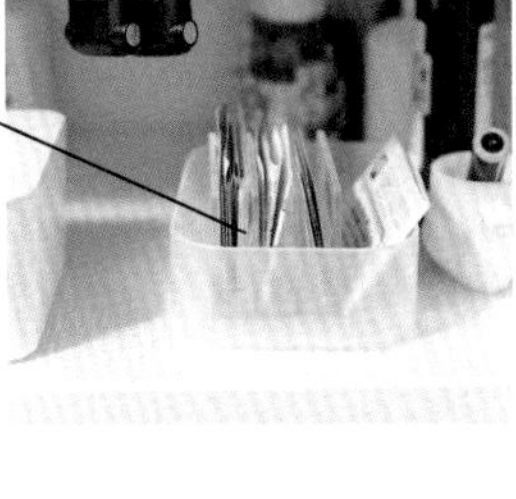

ポイントカードの定位置も

下駄箱に**ポリプロピレンメイクボックス・¼横ハーフ**［P114］と**アクリルデスクトップ仕切りスタンド**［P115］でカード置き場を。

防災を日常化させる

長女が生まれたときに「子どもを守らねば！」とスイッチが入り、子連れ防災情報を研究。それ以来、何でもない日に家族でサイクリングをしながら、地域のハザードマップや避難所を確認しています。
防災については、この「何でもない日」がポイント。特別なときではなく、ふだんの延長で考える。その意味で、**いつものもしも持ち出しセット**

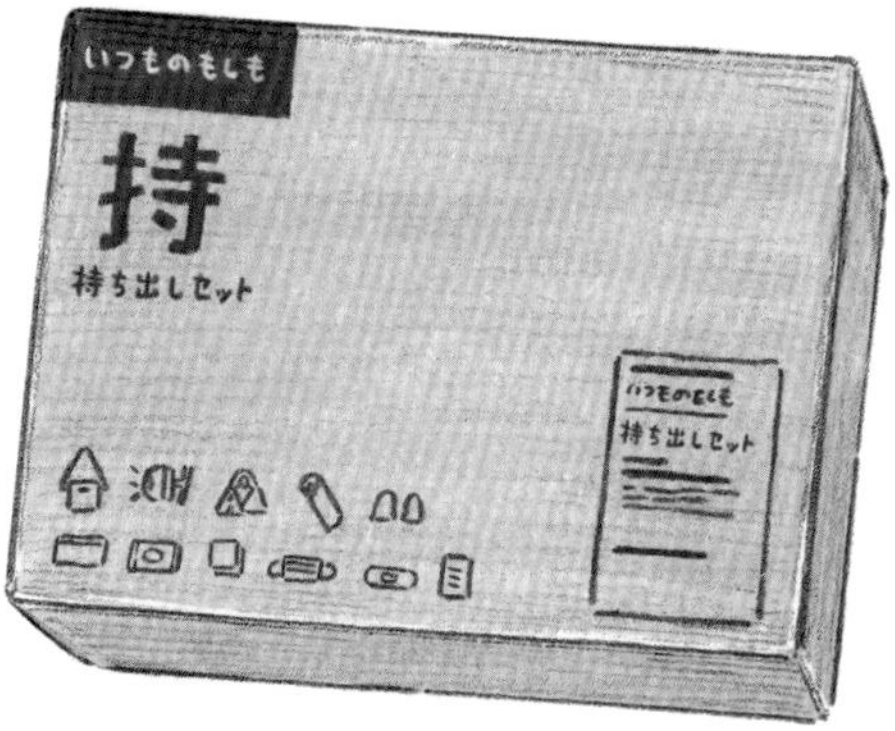

「自分流に
カスタムしやすい
基本形」

いつものもしも持ち出しセット

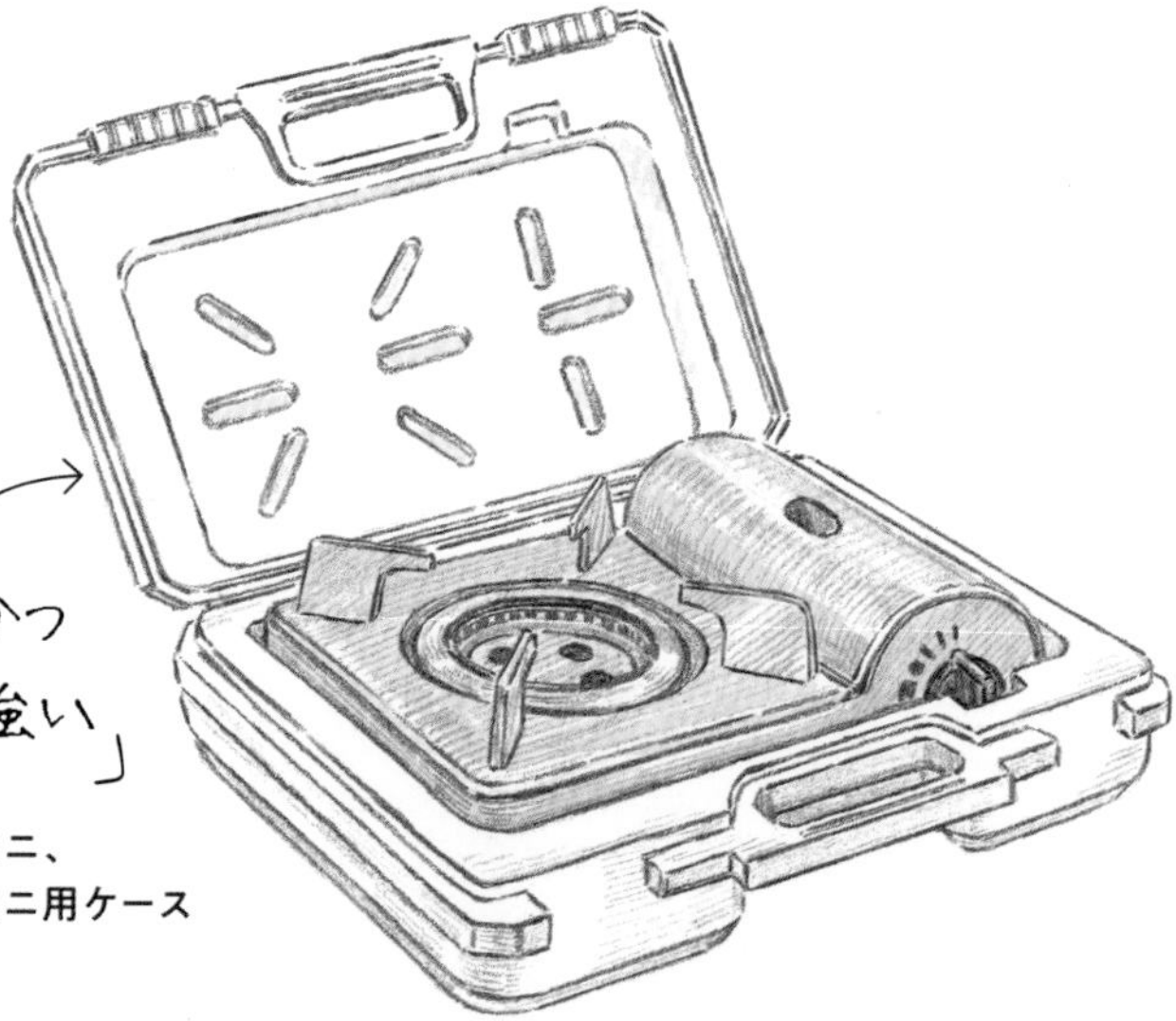

「コンパクトかつ
ショックに強い」

カセットこんろ・ミニ、
カセットこんろ・ミニ用ケース

［P125］は日用品を買う感覚で手に取れます。ナチュラルな箱型のパッケージは、棚の端っこに置いても違和感がありません。気軽に暮らしに取り込め、「あと何が必要？」と防災に興味をもつきっかけになります。わが家はライトつき充電ラジオや簡易トイレなどを補完。

非常時の調理用に、**カセットこんろ・ミニ、同ミニ用ケース**［P125］も用意しています。棚や持ち出し袋に入るサイズで、持ち運びもラク。丈夫なケースはものに埋もれても安心です。子どもが成長したらキャンプで使えるかも！　それくらいの気楽さが、はじめの一歩にはちょうどいいのかもしれません。

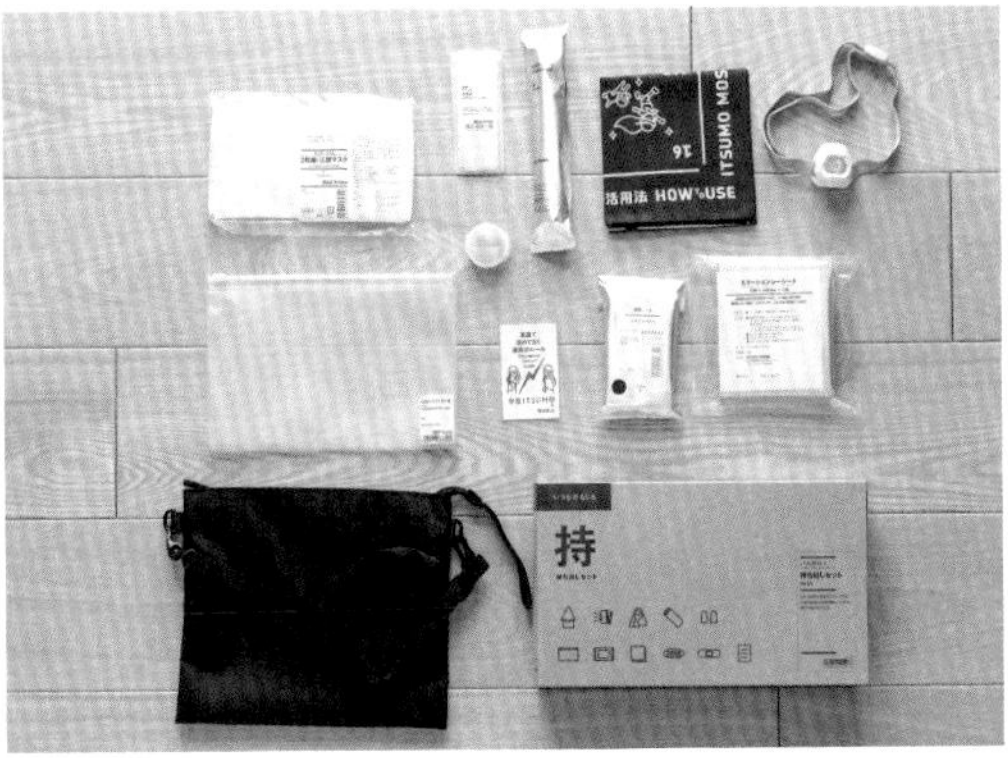

親子で使えるラインナップ。リュックに入れて玄関で収納

緊急時の連絡先を書くシートや活用法をプリントしたハンカチなど、子どもが興味をもてる内容。**肩の負担を軽くする撥水 リュックサック**［P122］（下段中）に入れて玄関に。

（日常食を
ローリングストック）

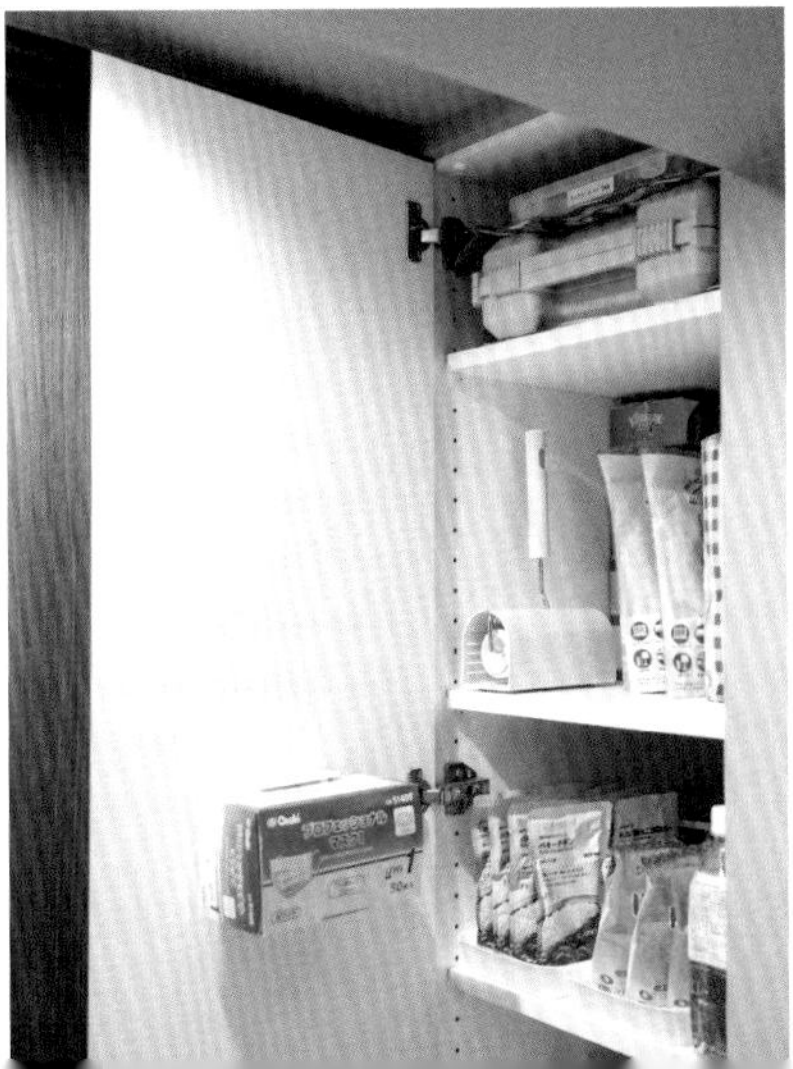

コンロは備蓄品と同じ場所に収納し、すぐ使えるように

廊下収納にコンロと食品を。**素材を生かした辛くない　国産りんごと野菜のカレー、同カレー　バターチキン、食べるスープ　オクラ入りねばねば野菜のスープ、同揚げ茄子とほうれん草の味噌汁、同豚汁**［P120］。

家事の小さな習慣

食器洗いを少しでも楽しく

ふだんは食洗機任せの洗い物も、ランチなど食器が少ないときは、手洗いをします。水きりかごもありますが、水筒やプラ容器の乾燥に場所をゆずり、手ぬぐいを使用。ダイナミックな柄と鮮やかな色の手ぬぐいは、よし、午後の仕事も頑張ろう！　と思えます。

柚木沙弥郎デザイン　IDÉE Daily Cloth（IDÉE）［P118］

ミニボトルは専用ブラシですっきり

季節を問わず、外出時はマイボトルを携帯して水分補給をしています。私が使っている200㎖タイプは口径が小さく、水筒洗いでは窮屈なので、小分けボトル用のブラシを購入。柄をくるくる回すだけで汚れが落とせ、ラクにきれいを保てます。

隅まで洗えるボトル用ブラシ［P117］、ステンレス保温保冷マグ［P119］

タオルハンカチでアイロンレス宣言

ハンカチはタオル地を選んで、アイロンがけを回避します。写真は夫のハンカチで、何度となくリピ買いしているもの。ほどよい厚みがあり、汗を吸収してもふんわり。小さめで、パンツのポケットにスッと収まります。同じものを複数持ち、選ぶ手間を省きます。

インド綿　タオルハンカチ［P121］

つけ置き洗いは収納ケースで代用

ときどき行う家事に、衣類や上履きのつけ置き洗いがあります。洗い桶だと場所をとるので、代わりに収納用品を使用。ポリエチレン製は耐水性があり、持ち手は水を入れ替えるのに便利です。長方形で引き出しに収まるため、収納もバッチリ。

やわらかポリエチレンケース・中［P115］

セットを使って、気軽に靴の手入れ

シューケア用品は選び方が難しいもの。無印良品ならこれ一択で、悩む余地がありません。クリームとクロスがセットで、別々に用意しなくてもOK。のびのよいクリームは、少量できれいになります。ブラシは豚毛でコシがあり、軽く磨けばピカピカに。

ブナ材くつみがきブラシ、くつクリーム・クロス付［P117］

透明ボトルで気づいた人が補充

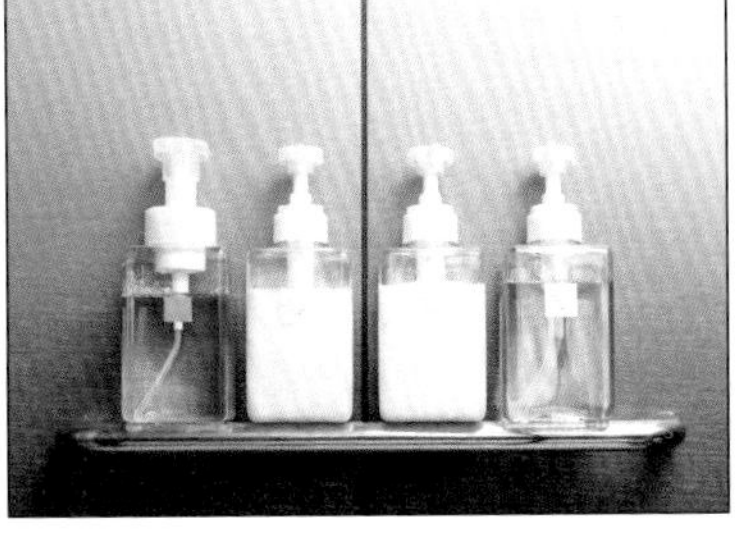

面倒な詰め替えはなるべくしない主義ですが、浴用のシャンプーやボディソープは別。減り具合がわかる透明の詰め替え容器を使って、気づいた人が補充しています。素材のPET（ポリエチレンテレフタレート）は強度が高いため、落としても割れにくく、長持ち。

PET詰替ボトル・クリア、PET詰替ボトル・泡タイプ・クリア［P115］

回す

Column

フックのいろいろづかい

次の**トイレットペーパー**

用を足している最中になくなっても困らないよう、手が届く位置に予備のトイレットペーパーを。**アルミS字フック・ロング**［P116］は芯にしっかり引っかかるので、落ちる心配なし。

浴用おもちゃの水きり

しっかり乾かしたい浴用おもちゃは、**ステンレスワイヤーラック・15cm幅**［P115］に。**ステンレス横ブレしにくい先割れフック**［P116］に引っかけて空中収納。

マスクの定位置管理

マスクは迷子になりやすいもの。洗濯室の物干し竿に**ステンレス横ブレしにくい先割れフック**［P116］を吊るし、夫婦のマスクを乾燥後に引っかけます。

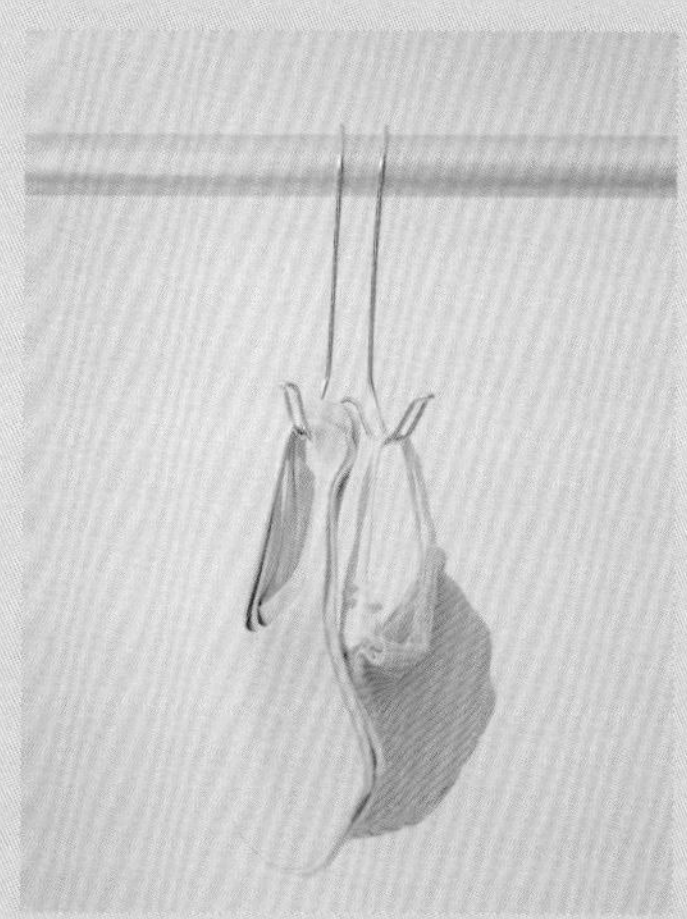

試供品を使いきる工夫

クレンジングオイルやシャンプーなどの試供品は、もらったら**ステンレスひっかけるワイヤークリップ**［P116］に吊るし、浴室の棚に。ためないようにしています。

楽しむ

ステイホーム中は家とネット空間がすべてで、息苦しさを感じていました。

お店で見つけた花やお茶に季節を感じ、レトルトの各国料理に外食の思い出を重ねる……。小さな楽しみを暮らしに取り入れ、ようやく回りだした時間を、自分のために使っています。

家でお店のランチ気分を味わう

中国、韓国、ベトナムの料理……。勤めていた頃は、ランチになるとお店に繰り出し、世界の料理を満喫していました。でも今は外食を控えているので、おいしいレトルト食品を調達。**ごはんにかけるユッケジャン**や**同 胡麻味噌担々スープ**［P120］をランチにしています。

ユッケジャンはピリッとした辛さで、牛肉、豆もやし、ぜんまいが入った具だくさん。温泉卵やキムチをのせると、さらにおいしく味わえます。担々スープはごまとみそのコクが効いた中華味で、ラーメンにかけて食べることも。このシリーズは、ほかにルーロー飯、ガパオ、チリコンカンと、自分ではなかなかつくらない魅力的なラインナップがそろいます。

ふだんの食事は「子どもが食べられるもの」を優先し、自分の好みは二の次に。ひとりで食べるランチは、自分のためだけに用意する。レンチンでそれがかなえば、こんなに嬉しいことはありません。

電子レンジで温めたユッケジャンは、口あたりの優しい**ブナ材テーブルスプーン**［P119］でいただきます。レンチンなら洗い物が少なく、午後の仕事をすぐ始められます。

季節のお茶で暮らしに変化を

春は桜の香りがするお茶を堪能しました。お菓子にも季節限定品があり、写真は桜をモチーフにしたバウム、どら焼き、あられなど。

在宅ワークで夫が家にいる日もあり、お茶を飲む機会が増えました。水出しだった麦茶は煮出すようになり、コーヒーは一杯用のパウチから専門店で豆を買うまでに。「これ、おいしいね」という新たな発見が日常に刺激を与えてくれます。

暮らしに変化を求めるとき、私はお茶売り場に足を運びます。桜、ゆず、栗……。無印良品は季節限定のお茶を販売しているので、見つけたらひとつふたつ買って帰ります。お湯を注いだときに立ち上がる香りは季節の到来を感じさせ、気分転換にちょうどいい。フレーバーティーは飲む時間帯や体調で感じ方が変わるので、飽きません。

いつもと同じ定番品だけの暮らしは、何だかつまらない。だから、お茶で小さな冒険を楽しんでいるのです。

アイメイクで流行を取り入れる

マスク着用が当たり前になり、アイメイクが注目されています。昔からメイクパレットが好きで、自分に合う色を探したり、流行の質感を試したりしていたのですが、なかにはいっこうに減らない色があり、扱いに悩んでいました。

そんなとき無印良品で見つけたのが、気になる色を組み合わせて使える**メイクパレット・SS**［P124］。化粧品

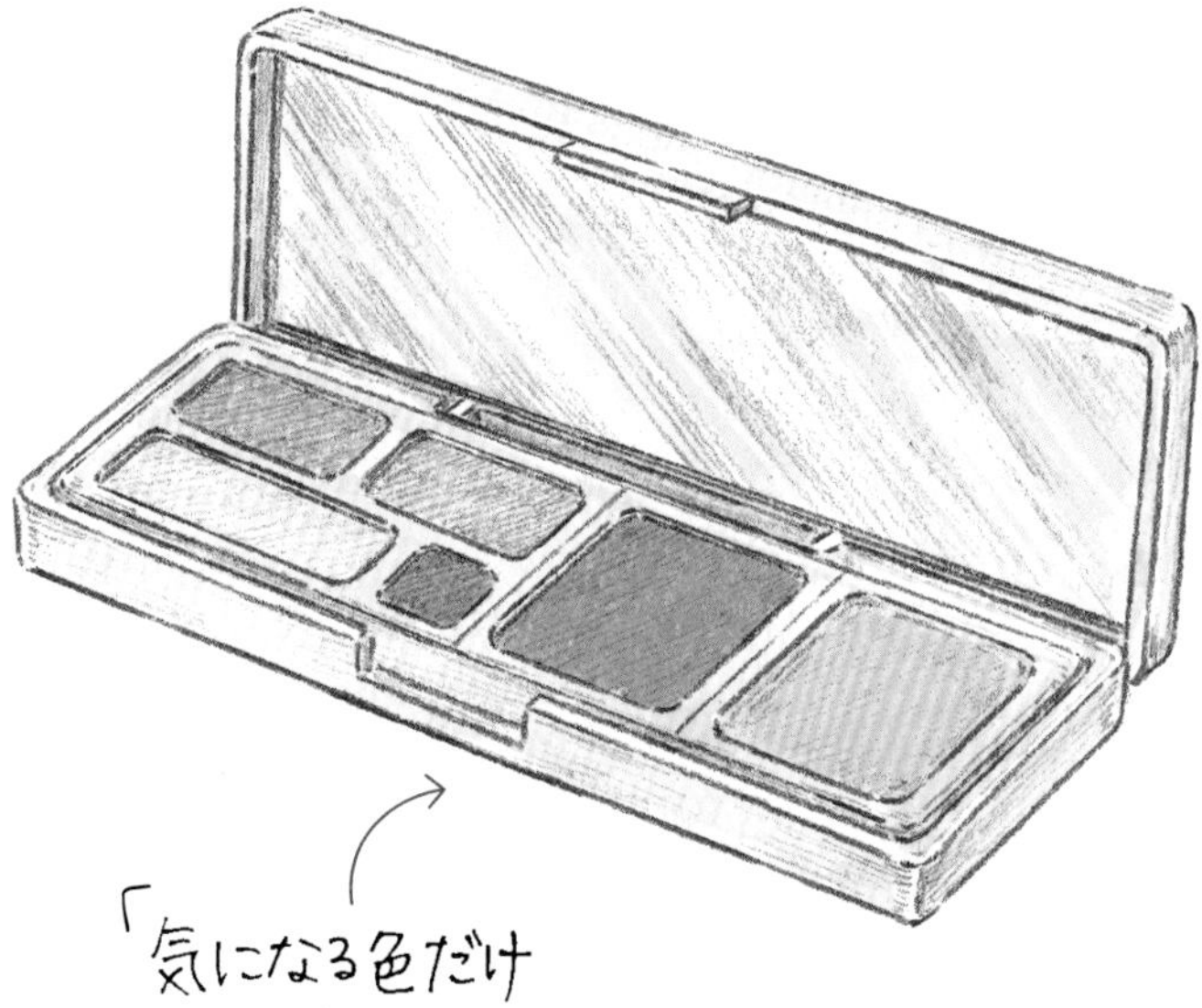

メイクパレット・SS

※アイカラー、アイカラーベースは別売り。

メーカーにも似たようなものがありますが、容量が多く値段も本格的。その点、無印良品のものは少量で600〜800円とリーズナブル。失敗したり飽きたりしても、気軽に次に乗り換えられます。私が選んだパレットは3〜4個入れられて、「あと1個入るけれど、どれにしよう?」と悩むのも楽しい時間。
　メイクはほうっておくとつい「いつも同じ」になりがち。でもこんなパレットがあれば、気軽に新しい色を試せます。顔の上半分しか楽しめないからこそ、思いきってチャレンジができる。新しい自分に出会えるチャンスなのです。

薄づきなので、初めてのメイクにチャレンジしやすい

売り場では色を重ねたときの雰囲気を想像しにくいもの。アイカラーは薄づきで加減しやすく、失敗しません。色のノリとモチがよくなるアイカラーベースはぜひ。他にチーク、コンシーラーも組み合わせられます。

アイカラー4色タイプ・ブラウン
[P124]

アイカラー ローズブラウン [P124]

アイカラーベース
[P124]

少しずつ重ねて自分好みに

白いバラのブーケ S

大切な人を想う時間を楽しむ

毎年、母の日には無印良品の花を贈っています。ネットストアのブーケや鉢植えはどれも素敵で、メッセージカードもシンプルで好評。イラストの**白いバラのブーケS**［P125］も、白とグリーンの配色がどんなシーンにもマッチし、贈る機会を選びません。チョコバウムやカレーギフトはお子さんがいるご家族に、糖質10g以下のお菓子は同年

低糖質スイーツやカレー。「食べてなくなる」ギフトを

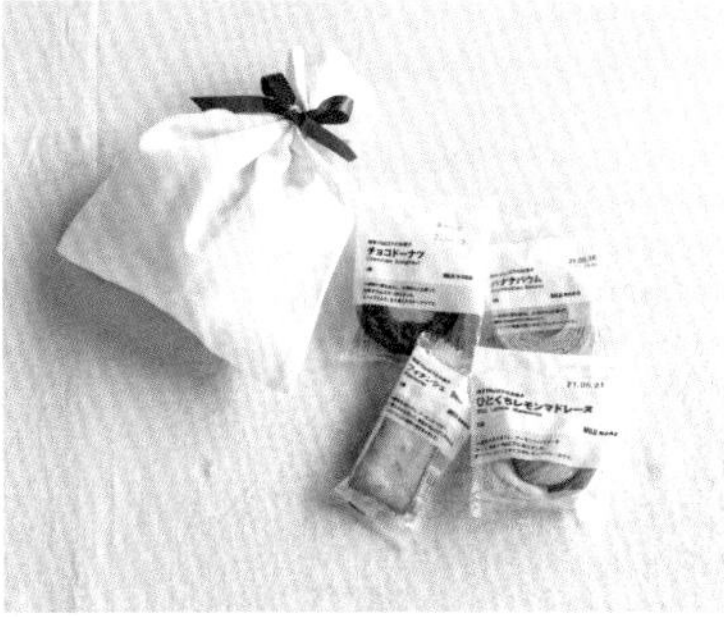

右から時計回りに。**チョコバウム　ギフトボックス**［P120］は、嬉しい1000円未満スイーツ。**素材を生かした　辛くない　国産りんごと野菜のカレー、同カレー　バターチキン**［P120］など6個を詰め合わせたカレーギフトボックスは、パッケージがおしゃれ。**糖質10g以下のお菓子　バナナバウム、同ひとくちレモンマドレーヌ、同チョコドーナツ、同フィナンシェ**［P121］は、オーガニックコットンギフト袋（有料）に入れ、ちょっとしたお礼などに。

無料ラッピングサービスも

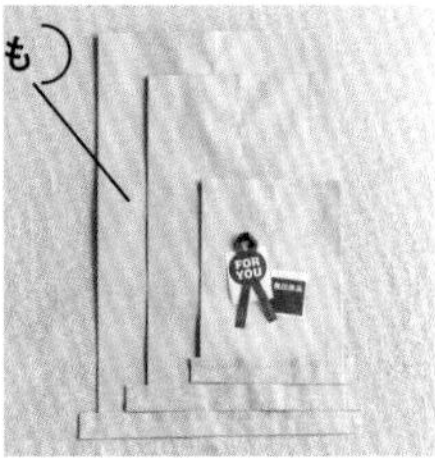

底の白いステッチがかわいいクラフトギフト袋。3種類あり、好みのサイズをレジで伝えれば、無料でもらえます。

代の友人に。

チョコバウムは大きなホールで、箱を開けると「わあっ」と歓声が上がります。カレーのギフトは40種類以上あるカレーから6個、9個と選ぶと無料で箱に詰めてくれるサービス。糖質10g以下のお菓子は、甘さ控えめでしっとり。無印良品の食品は、価格のプリントがないのも魅力です。

ネットストアを見ながら、「あの人の好みは？」と想いを巡らすひとときは楽しいもの。気軽に人に会えなくなり、ちょっとしたものを贈って近況を伝え合う。花や食品はいずれ消えてなくなるため、贈り物にぴったりです。

おやつ時間が楽しくなるカトラリーを使う

カトラリーにはこだわりがあり、結婚当時に無印良品でそろえました。おやつを食べるときに使う**ステンレスデザートスプーン**や**同フォーク**［P119］をはじめ、テーブルナイフ、バタースプレッダー……。どんな食卓にもなじむ「ふつう」を考え抜かれたデザインは、ただただ美しく

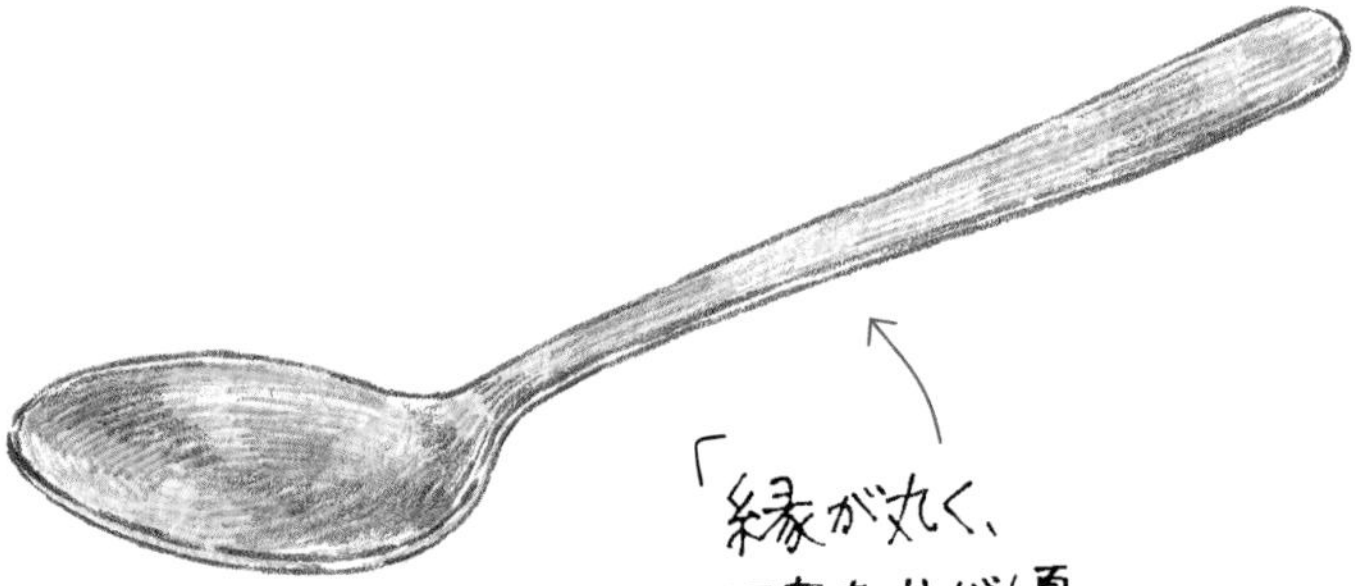

「縁が丸く、口あたりが優しい」

ステンレスデザートスプーン

「柄のカーブが手にしっくり」

ステンレスデザートフォーク

ほれぼれします。人間工学に基づいたデザインは、柄の角度やカーブが計算しつくされ、すくう、刺す、のせる、口に運ぶ……いずれの行為もスムーズ。ゼリーやケーキを食べているときは、金属特有の違和感がなく、純粋に食べ物の味を楽しめます。

10年使っても古びた感じがしないのは、仕上げに秘密があります。ヘアライン仕上げといってあえて表面を研磨し、日常使いでつく傷を目立たないようにしているのです。食洗機でがちゃがちゃこすれても経年変化を感じにくく、いつまでも気持ちがいい。

よいカトラリーはいつものおやつを何倍もおいしくし、豊かな気分にしてくれます。

口の中で違和感がないから、スイーツに夢中になれる

カトラリーは仕上げの差で、口に入れた感じが変わるもの。このカトラリーはイヤな金属臭や角のあたりがなく、純粋に味や食感を楽しめます。しかも250円とリーズナブル。

（カップはお気に入りを）

愛用中のカップはFound MUJIの**美濃焼　蕎麦猪口、萬古焼　蕎麦猪口、益子焼　蕎麦猪口**［P119］。サイズ感がよく、日本茶、紅茶、ハーブティーといろいろ使えます。

21〜24時はひとりの時間

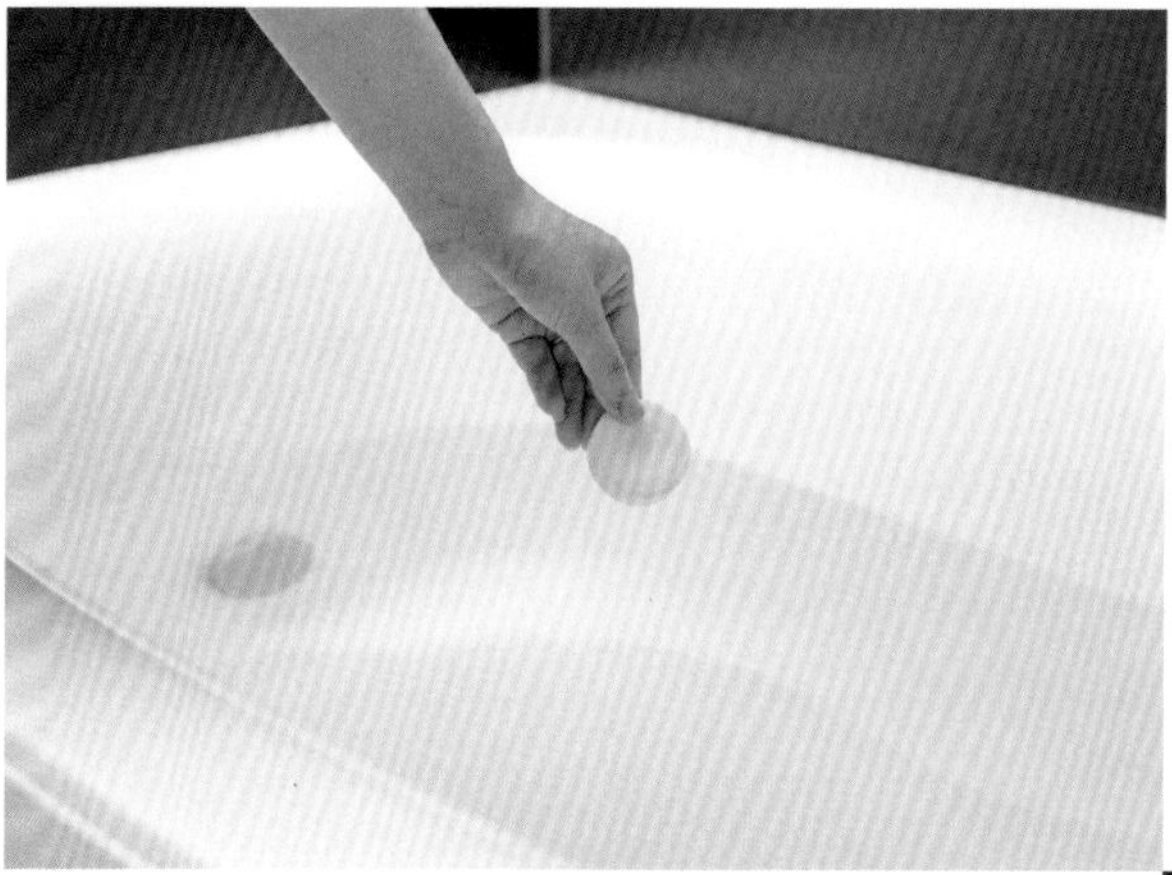

1回分ずつ使える分包タイプなら、使い残す心配なし。冬至でゆずの準備が間に合わないときにも、入浴剤で代用。

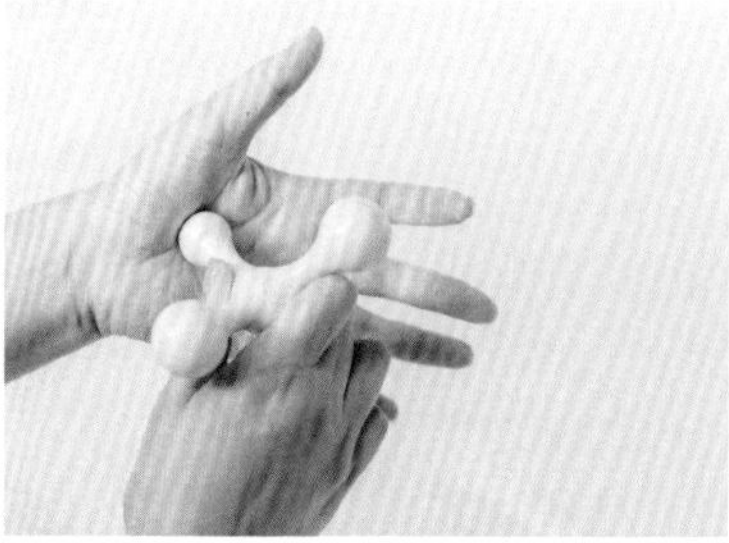

先端が大小の球体で、ツボにぐいぐい入ります。握りやすい形状は力を加減しやすく、無駄に押す必要なし。頭や腰などにも。

第2子の出産後、子どもの世話を夫と手分けするために、私たちはシフトを組みました。それが今も続いていて、夫が在宅ワークの日は21時に寝て、朝5時に起床。私は24時に寝て、7時に起床します。

21〜24時は私の自由時間で、たいていは残った仕事をこなすのですが、お風呂でリラックスすることも。ステイホームで自宅に缶詰めになり、ひとりの時間と空間の大切さを思い知ったのです。

お風呂のお供には、**薬用入浴剤・ゆずの香り（分包）**や**薬用炭酸タブレット・カモミールの香り**［P125］を。爽やかな香りのゆずは、疲労を回復させてすっきりしたいときに。カモミールは甘い香りで、心が穏やかになります。お風呂には**ほぐしテトラ**［P125］も用意し、手のひらや頭のツボを押し、コリを解消。スマホで動画を1本見終わった頃には、うっすら汗をかいてすっきり。明日への英気を養います。

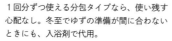

整える

家族の家事参加を促すには、収納が大きな役割を果たします。直感的にわかるしくみにすれば、ものがパッと見つかり、きちんと戻る。家族から場所を聞かれることもありません。

ものは、見せてわかりやすく、分けて取り出しやすく。簡単だから片づきます。

もう、ものは探さない！

私の身にもし何かあっても、家族が暮らしを回せるよう、収納のしくみを整えています。これは先行きが不安なコロナ禍においても、大きな安心材料になりました。
　そのためには一にも二にも「見える化」！　もののありかがわかれば、夫や子どもが自分で見つけ、必要なときにすぐ使えます。
「見える化」に欠かせないの

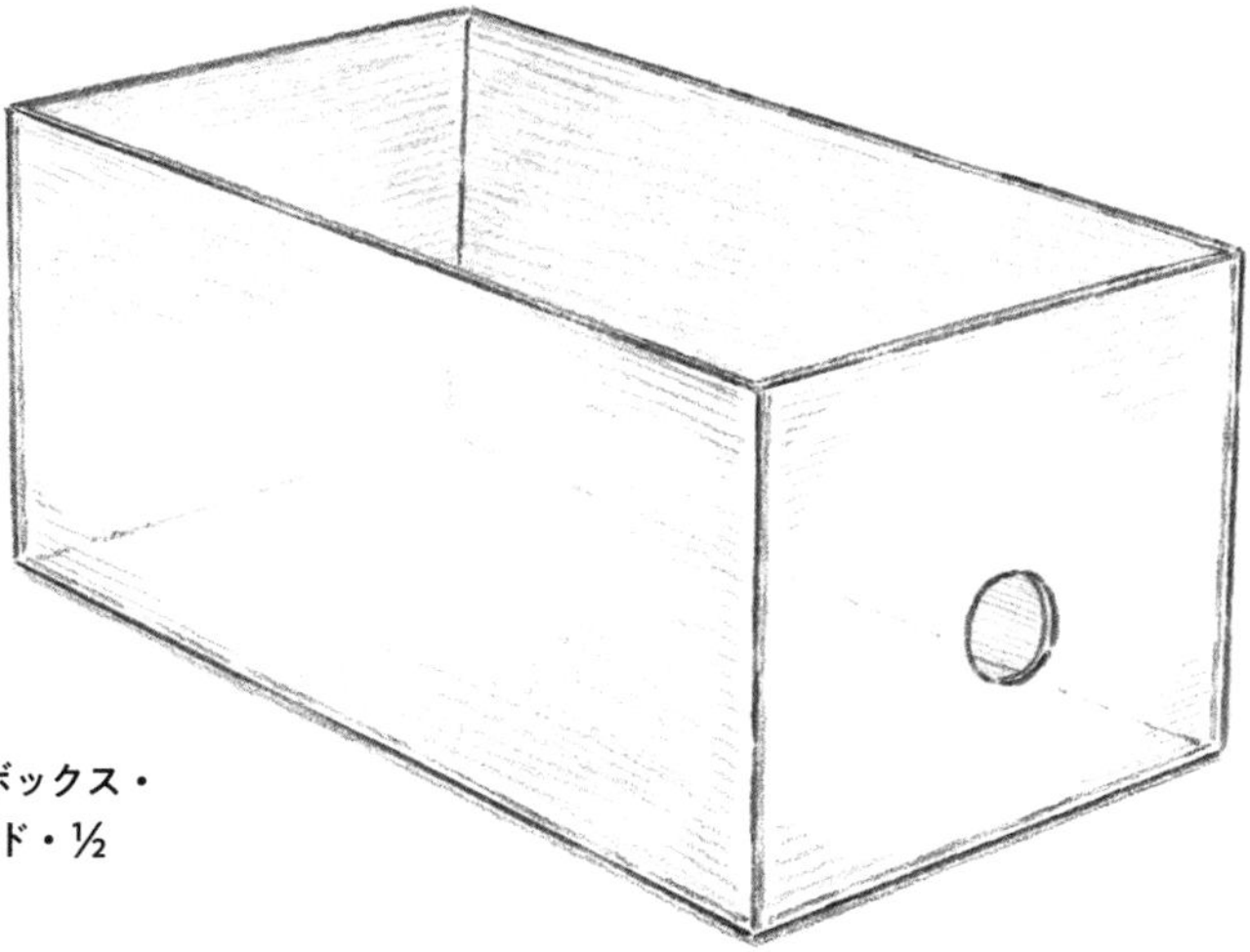
「底まで見える
深さがポイント」

ポリプロピレンファイルボックス・
スタンダードタイプ・ワイド・½

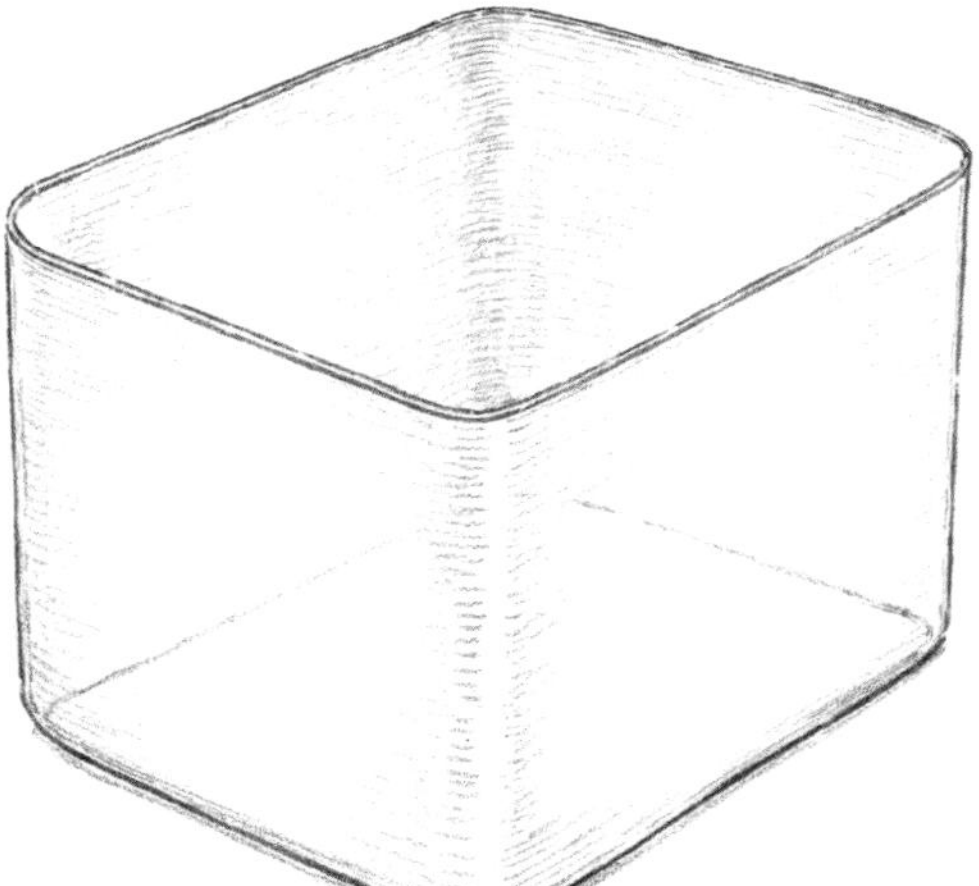
「半透明で中身が
うっすら見える」

ポリプロピレンメイクボックス・
½横ハーフ

が、**ポリプロピレンファイルボックス・スタンダードタイプ・ワイド・½**［P113］と**ポリプロピレンメイクボックス・½横ハーフ**［P114］。
　無着色のクリアタイプは、側面から中身が透けて見えるため、欲しいものがすぐ見つかります。さらにファイルボックスは高さ12cmを選び、上からも中身が見えるように。どちらも表面のシボ（細かい凹凸）が傷を目立たせず、くたびれた感じがしないのも、愛用している理由。ものを探すことからはじめない――。それだけで、収納のハードルがぐんと下がります。

ものが埋もれず見つけやすい

上がキッチンの食品、下が洗面所の消耗品。浅くて透けるボックスで中身を見せ、取り違いのリスクや在庫管理の手間を最小限に。小物が埋もれず、底まで指が届きます。

見えるから迷わず手が出る

洗面所の鏡裏収納。ボックスの側面からコンタクトレンズが見えるので、ノールックで取り出せます。補充のタイミングもバッチリ。

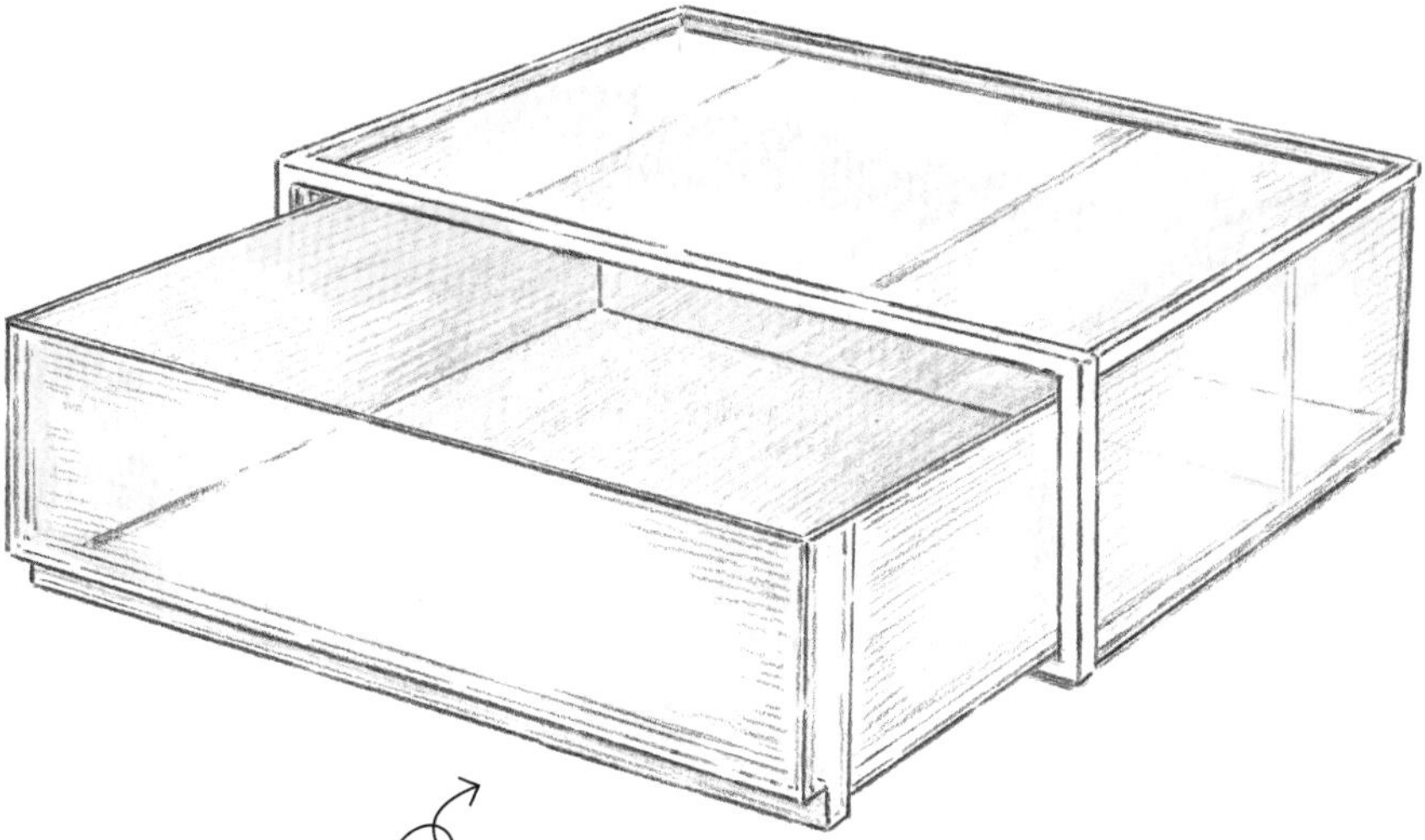

ポリプロピレン収納ケース・引出式・横ワイド・小

引き出しは深さが18cmあればいい

SNSなどでさまざまな種類や深さの引き出しを使い分けている収納名人を見かけますが、私はほぼ一択。

深さ18cmの**ポリプロピレン収納ケース・引出式・横ワイド・小**［P114］で、同じ深さの同引出式・小を独身時代からずっと使い続けています。引っ越して間取りが変わっても家のどこかで活躍中で、現在は子ども部屋で使用。

衣類のポイ入れにちょうどいい

クローゼットに置いた横ワイド・小に、私の衣類を収納。カットソーを適当にたたんで放り込んでも、ハンカチを立てても、ぴったりの深さ。引き出しは積み重ねて使用できます。

こまごまグッズやタオルを見つけやすい

子ども部屋で使用中の**ポリプロピレン収納ケース・引出式・小**［P114］。上履きや雑巾などのストックを並べられるので、中身が一目瞭然。右は保育園用のケットで、大判の布も立ててしまえます。

（独身時代から愛用）

服をくるくるっポイッと放り込んだり、こまごましたグッズを並べたり、タオルを立てて入れたり……。小さなものから大きなものまで収まり、深すぎないので重ならない絶妙の深さです。「たくさん入るから」と深い引き出しを選ぶと、ものが埋もれて見つかりにくく、かき回してぐちゃぐちゃに……。日々繰り返し出し入れするものに、深い引き出しは不向きです。

また、横ワイド・小は間口が広く、種類が多いアイテムの収納が得意。たとえばTシャツ、インナーなどに分け、縦に並べられます。

引き出しはしまうものを選ばない深さ18㎝を。家のあらゆる場所で使えます。

整える

クローゼット収納

毎朝の身支度が素早く整うように、一覧性を大事にしています。ハンガーがけはアイテム別に、引き出しの中はケースで仕切って分類。

寝室のクローゼットは私専用。右側にトップスやボトムス、Tシャツ、左側にアウターや巻きもの、バッグを収納しています。枕棚のボックスには、オフシーズンの服などを。

トップスやストールは吊るして選びやすく

シャツは基本、ハンガーがけ。ものの全体像が見えていると迷いません。**アルミ洗濯用ハンガー・3本組**［P117］は肩にハンガーの跡がつきにくく、吊るしても安心。ストールは**アルミハンガー・ネクタイ／スカーフ用**［P116］に。滑りがよくスルッと取れます。

2段目

1段目

4段目

引き出しは仕切って混ざらないように

ポリプロピレン収納ケース・引出式・横ワイド・小［P114］は1段目がTシャツ、2段目がインナー。中に仕切りケースを並べ、種類別に入れ分けて、混在しないようにしています。4段目は「さよならボックス」で手放し候補を。3段目には下着を収納。

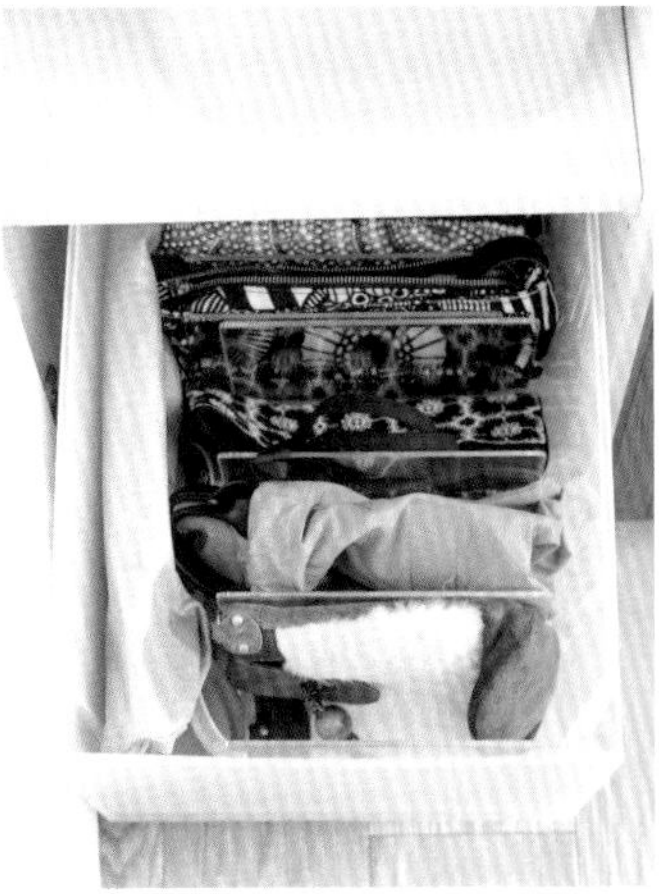

コロナ禍で変わった服のこと

服は数を決めて着倒すタイプで、インナーや靴下などは3着をローテーション。仕事用のシャツはもう少し持っているものの、外出が減ったため、新たに買い足したのはわずか2着。オンライン会議で映えるよう、襟や胸元にデザインのあるシャツを選びました。また、外から帰ってくるとすぐ洗濯する習慣になり、洗濯機で洗えるコットンや化繊素材を買うように。今は手入れしやすい服が気楽でよく着ています。

バッグは立てて全種類を見渡しやすく

自立しにくいバッグは、**アクリル仕切りスタンド 3仕切り**［P115］に、ひとつずつ立てて収納。雪崩式に倒れるのを防ぎ、上からひと目で見つかるようにしています。

つい、使いたくなる収納を選ぶ

暮らしの背景になるものをつくる――。長年携わった商品開発で肝に銘じていたことです。収納用品もなるべく存在感をなくすため、わが家ではアクリル製品を多用しています。

アクリルは透明度の高い素材で、ものの全体像がはっきりと現れます。置く場所にもよりますが、全方位から見えるので、遠くから「あそこに

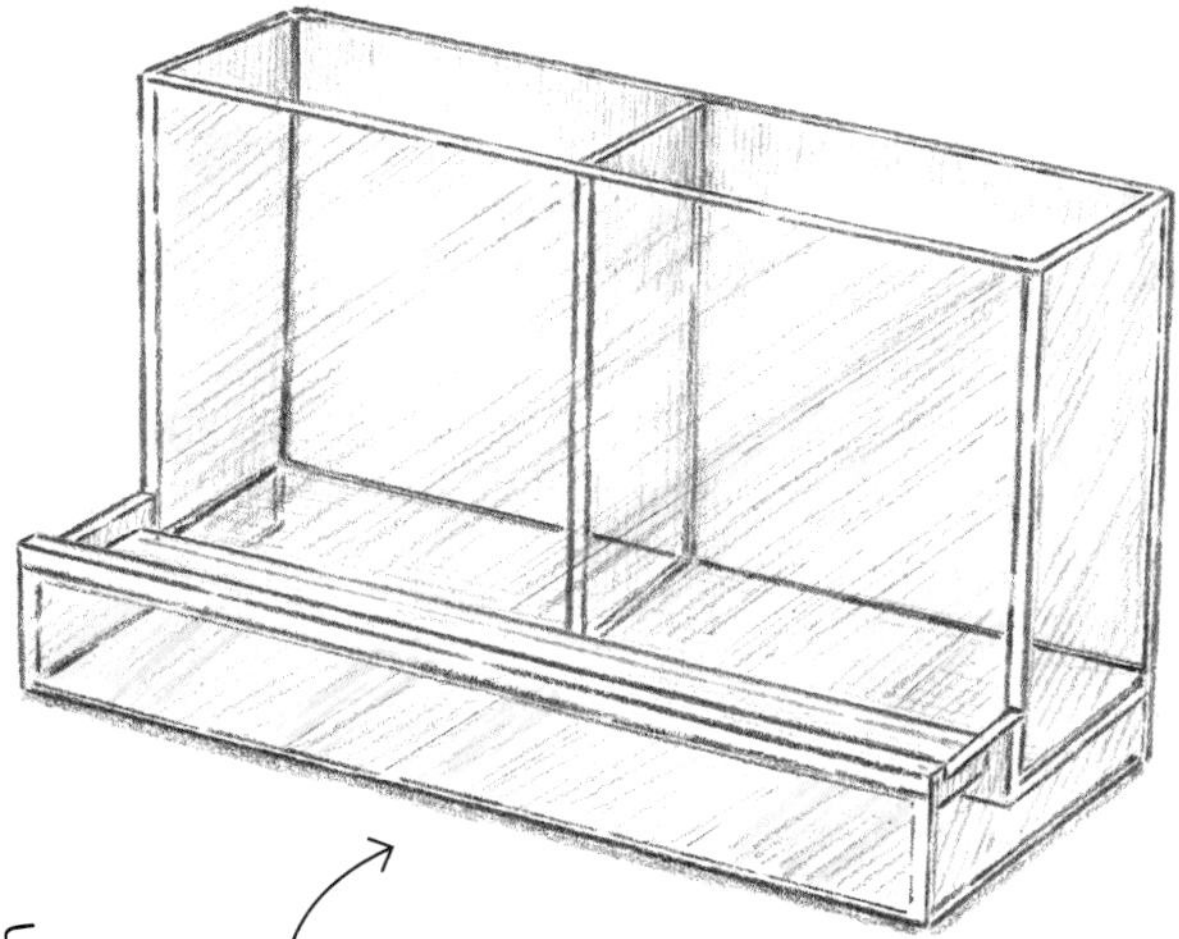
「ものが重ならない
ひな壇形」

アクリルスマホ小物スタンド・大

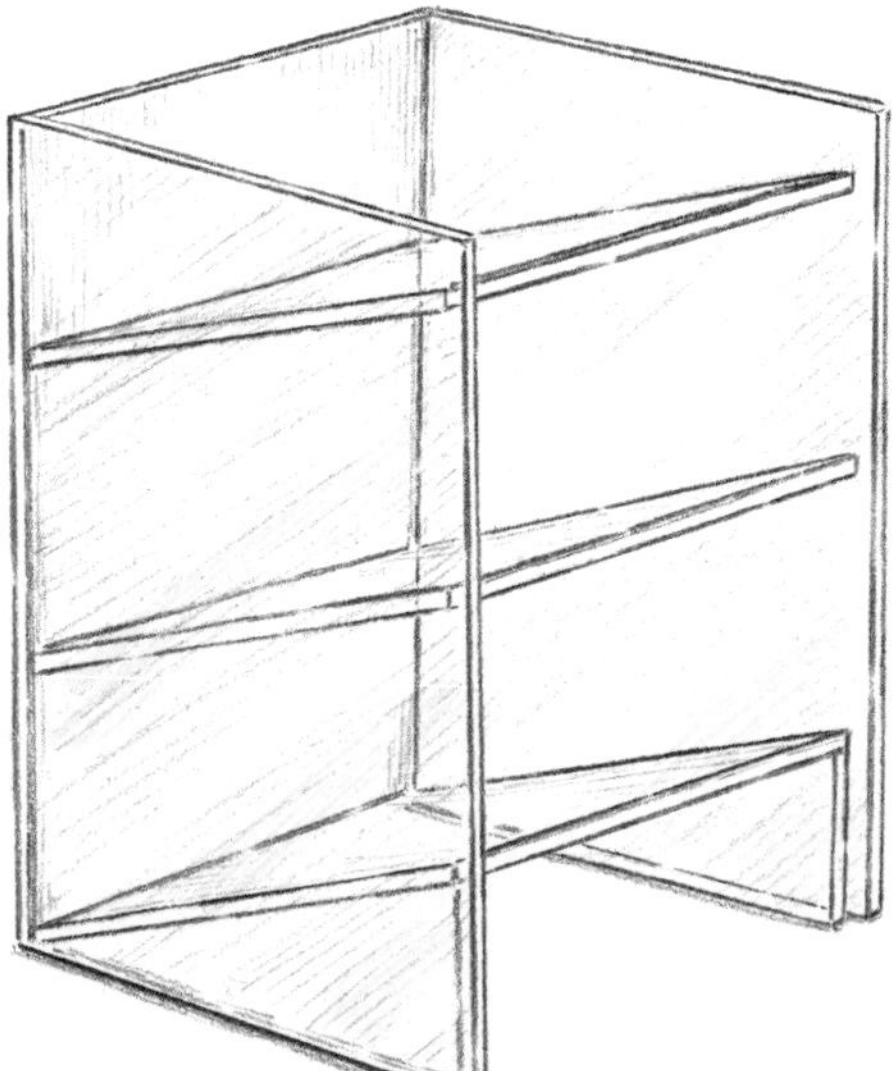
「仕切りが斜めで
引き出しやすい」

アクリル小物ラック

ある！」とまるで誘導灯のようにものへと導いてくれます。使い手は何も考えず、まっすぐそこに向かうだけ。だから、わが家では頻繁に出し入れするものを収納しています。

たとえば歯ブラシは、**アクリル小物ラック**［P115］に。よく見えるうえに、斜め上を向いた仕切りは出し入れしやすく便利です。**アクリルスマホ小物スタンド・大**［P115］には、塗り薬やデンタルフロス、眼鏡を。ひな壇形で、大きさが違うものを重ならないように収納できます。これだけはっきり見えていれば、子どもも間違えようがない。私には「さぁさぁ使ってくださいよ」とものが語りかけているようにさえ見えます。

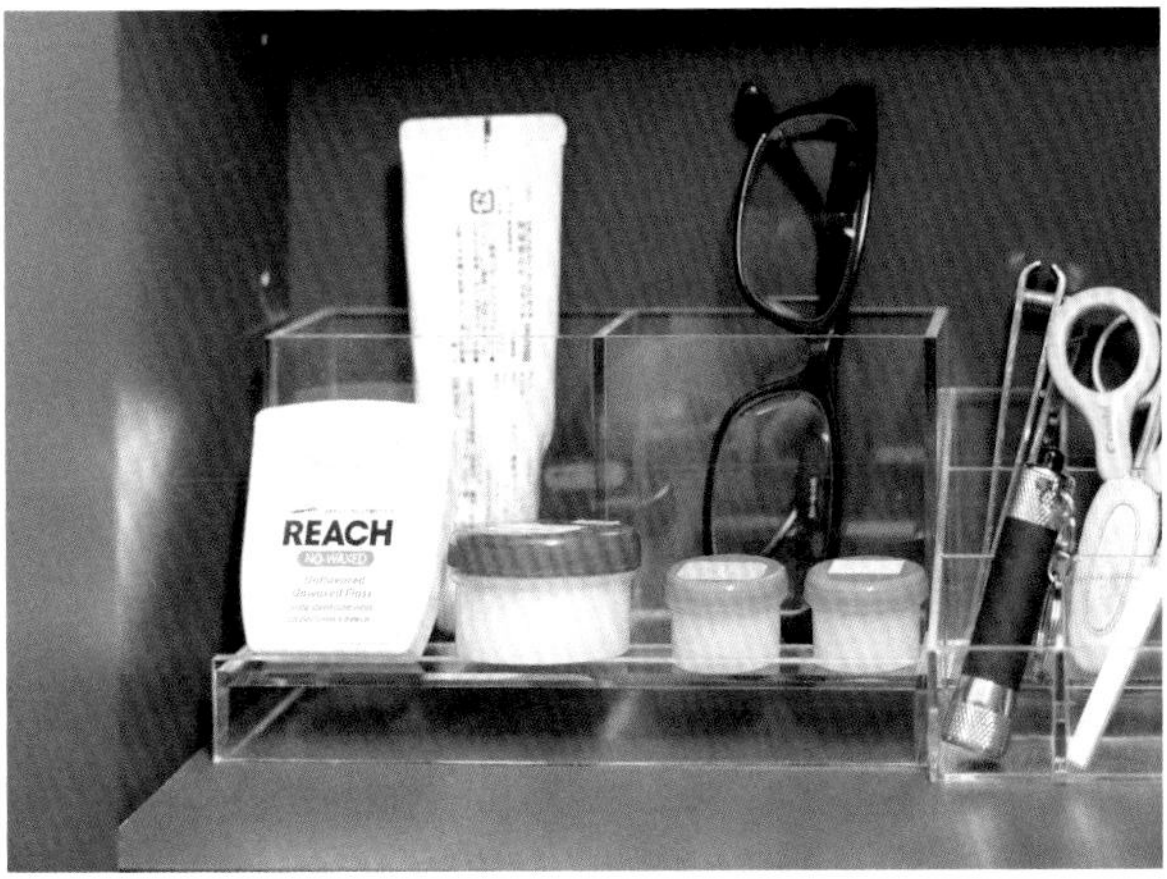

ひとつひとつの場所がはっきりくっきり

スマホを立てかけるスタンドに小さなものを、文房具を入れるボックスに背の高いものを。全部が見渡せて、一発で手に取れます。

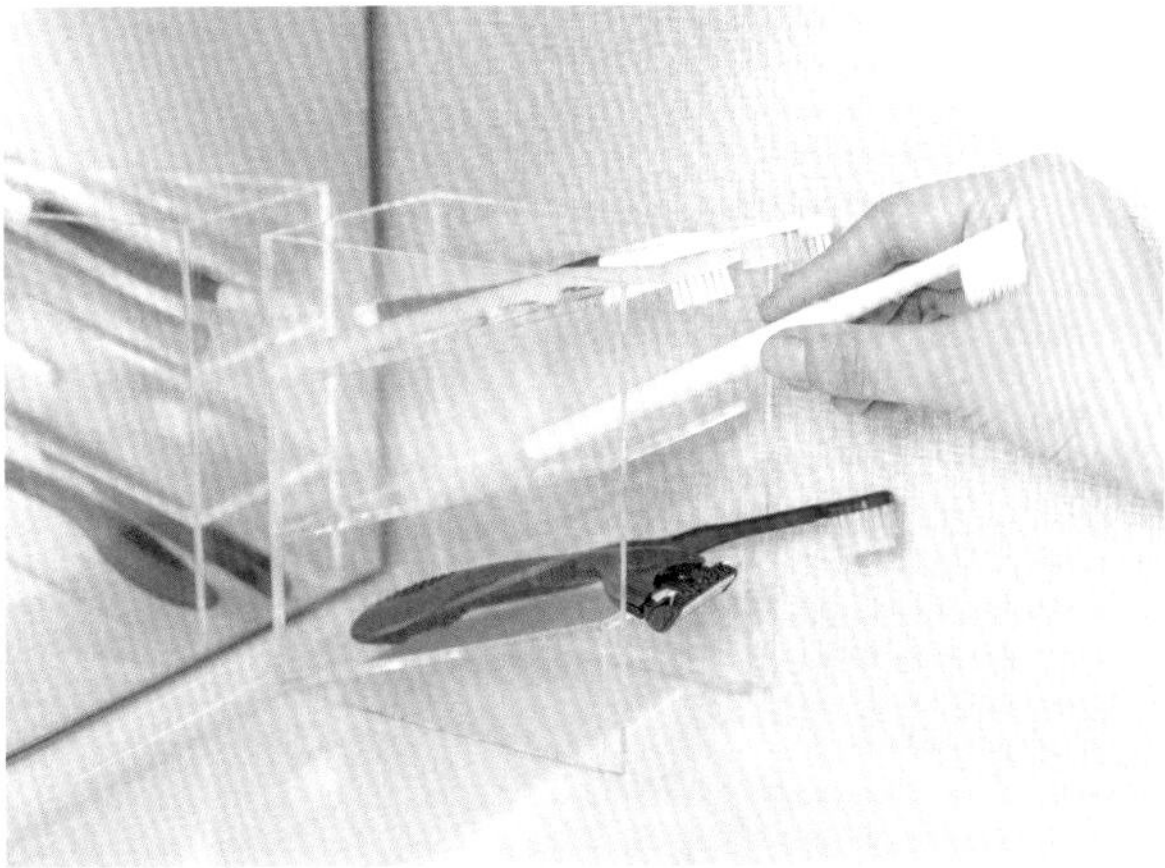

遠くからわかるので、アクセスが最短

洗面台上の歯ブラシ収納。歯ブラシ全体が見え、自分のものにスッと手が伸びます。アクリルは清潔感があるので、見た目もすっきり。

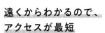

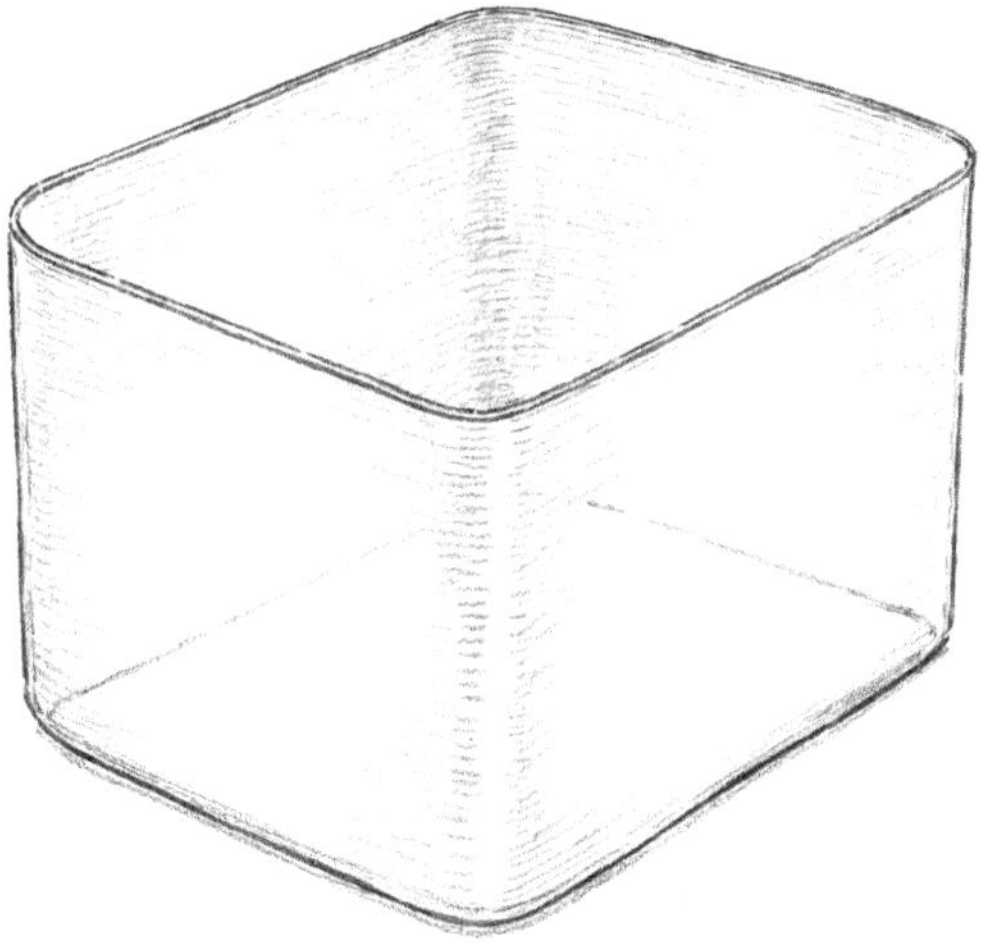
「高さ8.6cmは
引き出しに最適」

ポリプロピレンメイクボックス・
½横ハーフ

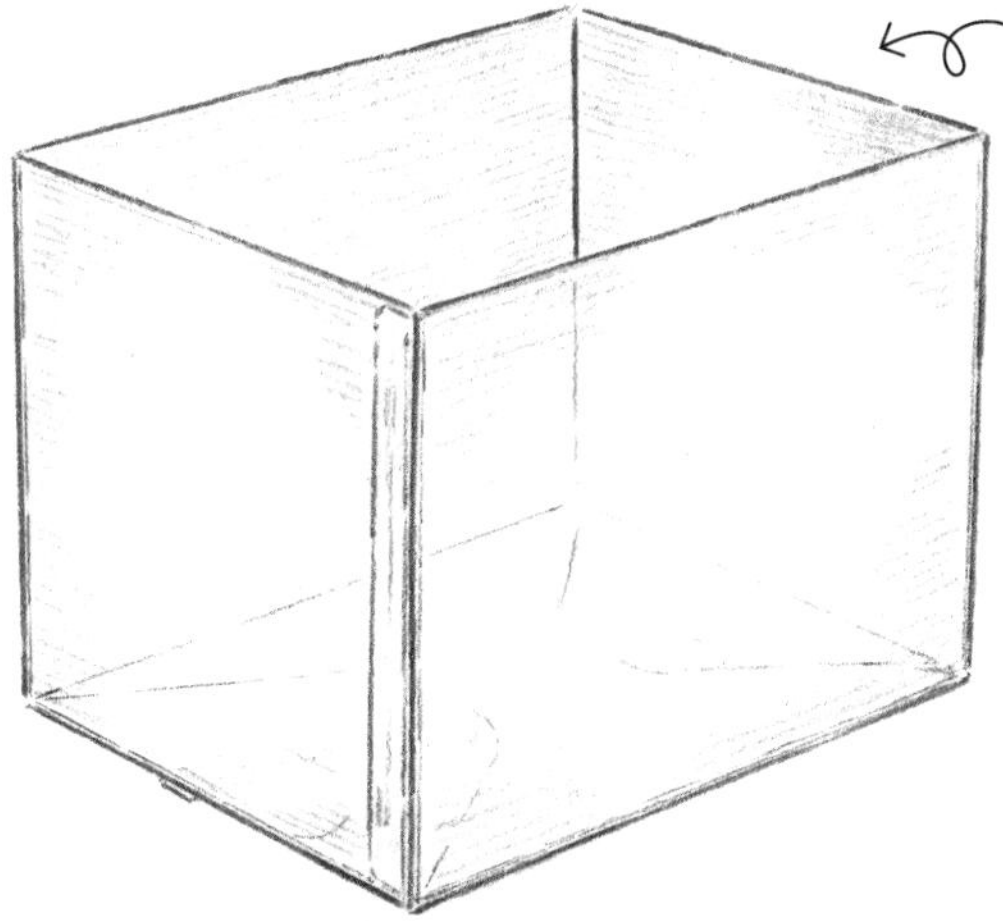
「ファイルボックスを
ぴったり3等分」

ポリプロピレンシート
仕切りボックス・3枚組

ちょうどいい仕切りでごちゃ混ぜを防ぐ

引き出しにものを入れると、開け閉めのたびに動いて、ものが混ざり合います。すると、間違って取り出したり、からんでくっついてきたり……。これを防ぐため、小物を収納する引き出しは、ボックスで仕切っています。

ポリプロピレンメイクボックス・½横ハーフ［P114］

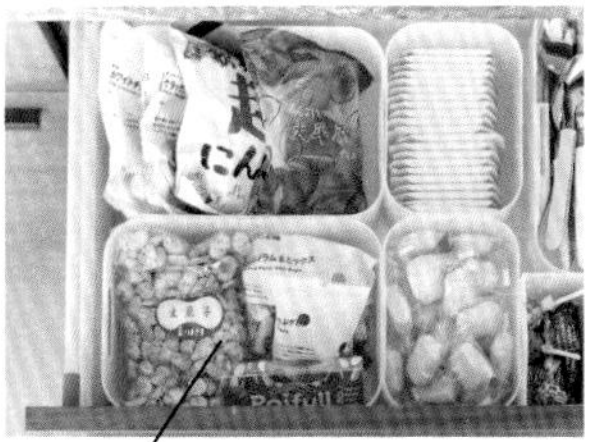

キッチンの引き出しにぴったり

シンク下の引き出し。ボックスを並べ、使用頻度の低い調理道具を種類別に収納しています。すき間には包丁入れなど長さのあるものを。ジャストフィットは目指しません。

ファイルボックスの中身を分類

歯磨き粉やクリームなどのこまごましたものは、使っているうちに混在しがち。3つに分けて**ポリプロピレンファイルボックス・スタンダードタイプ・ワイド・½**［P113］に入れ、見つけやすくしています。洗面台の下に収納。

は2辺の長さが異なる長方形で、縦横の向きを変えれば、たいていの引き出しに収まります。キッチンや洗面所の引き出しに入る高さで、容量もこまごましたものを入れるのにちょうどいい。私は調理道具やコンタクトレンズなどを収納しています。

　また、ファイルボックスには、**ポリプロピレンシート仕切りボックス・3枚組**［P113］を使用。ぴったり3等分に仕切れ、スペースに無駄が出ません。

　収納が苦手な人でも、これらのボックスがあれば、面倒な採寸や組み合わせに悩まず、セットするだけ。ごちゃごちゃが解決します。

すぐあふれるイレモノでためない

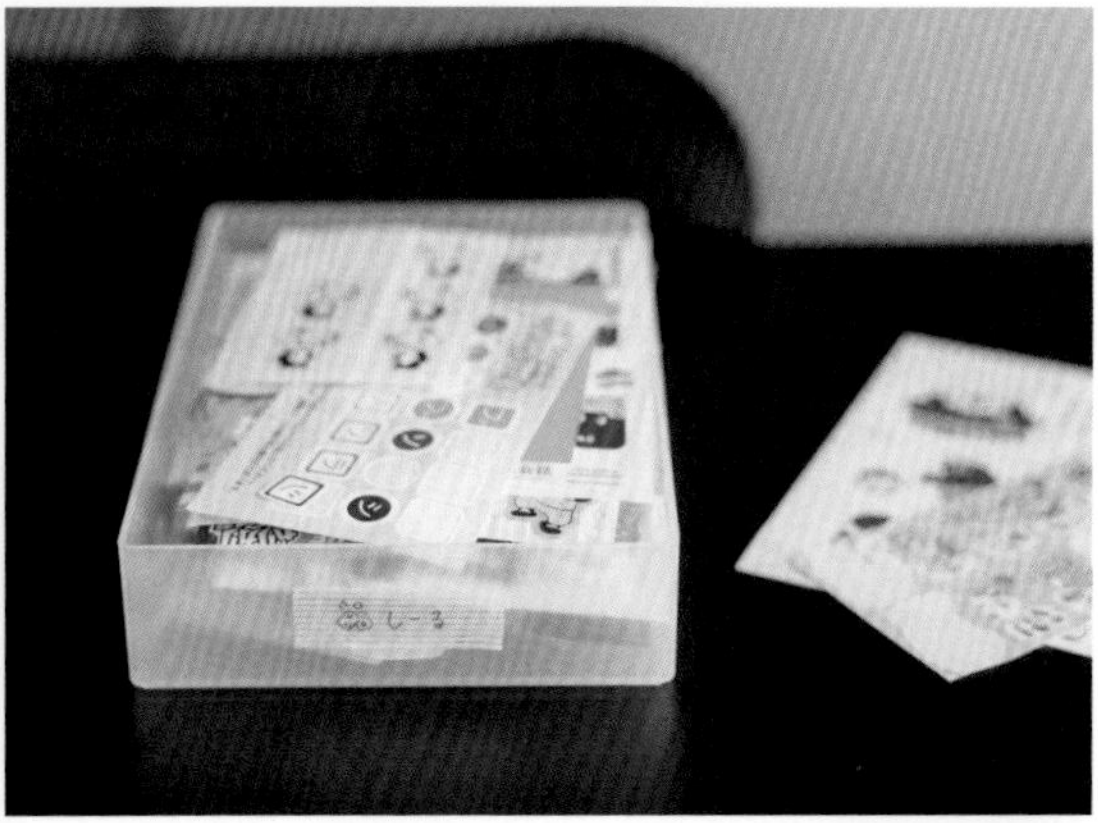

整理の「しどき」を教えてくれる、高さ4㎝のケース。「たくさん入るから」と大きなケースを選ぶと、かえってたまりやすくなるもの。

自然と時系列に並び、整理の優先順位がわかります。はさみにくいと感じたら、下から見直し。バインダーは、小学校、保育園、学童、仕事などに分類。

私は「いくつ」や「いつまで」と自分でリミッターを設けられないタイプ。だから、ものの力を活用して持つ量を決めてもらっています。

たとえば、書類は**アクリルクリップボード**［P122］に。上からどんどん重ね、パンパンではさみにくくなったり、こぼれ落ちそうになったりしたら整理するルール。このクリップボードは強度と軽さを兼ね備えているため、量が増えても扱いやすいんです。また、表面のシボ（細かい凸凹）は摩擦が起こりにくく、紙のめくりやすさがバツグン。

子どものシールなどは、**ポリプロピレンデスク内整理トレー4**［P114］に。高さ4㎝と浅く、すぐいっぱいになるので、「入るだけ」というルールにすれば、こまめに見直せます。

日々増えるものは、自然とあふれる収納用品に。ものに任せると考えなくていいので、気楽に取り組めます。

キッチン小物の迷子問題に終止符

袋留めクリップやピンチ、マステ……。キッチンで使う小さな道具は、迷子になりやすいもの。夫もキッチンに立つわが家では、使いたいときにパッと見つかるよう、一覧性を重視しています。

収納場所はシンク下の深い引き出しで、こまごましたものをそのまま収納すると、埋もれて見つけにくくなります。そこで、**ポリプロピレンファイルボックス・スタンダードタイプ・A4用**［P113］を入れ、両縁に**ポリプロピレンファイルボックス用ポケット、同仕切付ポケット**［P113］を引っかけてセット。そうすることでケースの開口部がすべて上向きになり、全種類が見渡せます。全体的に底上げしたぶん、手が届きやすくなり、出し入れのストレスもなくなりました。

ちなみに、ポケットと仕切付ポケットはファイルボックスの内側に。隣のファイルボックスに干渉せず、全部が使いやすくなります。

ひとつのファイルボックスに7つのポケットを引っかけ、種類やサイズ別に収納しています。余ったファイルボックスの下部には、ふだんは使わない排水口カバーを。

インテリアの小さな習慣

折り紙の壁アート

子どもがつくる折り紙に成長を感じたとき、ひとつ選んで壁に貼ります。モチーフにも子どものブームが表れ、それを知るのも楽しい。ただ並べるだけでなく、せっかくならフレーミングして絵画のように。夜は白い壁に影が落ち、部屋が素敵な雰囲気になります。

おりがみ［P123］

クッションでリラックス

ソファで過ごす時間が増えたので、クッションにも気を配るように。長方形が混ざるとインテリアのバランスがとれ、ボリュームも出てふかふかと気持ちいい。カバーにもこだわり、柔らかなガーゼ製を。肌に触れるとホッとし、優しい気分になれます。

羽根まくら、綿三重ガーゼまくらカバー／グレー［P117］

空気まで心地よく

家にこもるようになって、空気に敏感に。こまめな換気に加えて、飾り棚にフレグランスオイルを置くようになりました。アンティーク風の瓶にオイルを注ぎ、100円ショップで買った竹ひごをスティック代わりに。長さがあるので見栄えがよく、空間に映えます。

インテリアフレグランスオイル・ハーバル［P124］

ときどき模様替え

雑貨が好きで、クリスマスなど季節の行事のたびに入れ替えて楽しんでいます。重ねたノートは中国のもので、切りっぱなしの革が素朴な印象。そこで「愛らしい中国の日用品」というテーマで、紫砂《しさ》の茶器、荒物のカップを飾り、高低差をつけたディスプレーにしました。

牛革クラフト紙ノート（Found MUJI）［P122］

花を愛でる楽しみ

花の存在に救われることが多いステイホーム。買い替えが容易ではないため、一度買ったら最後まで楽しむ工夫をしています。元気のない花を一輪挿しに移し替えたり、茎が弱ったら花びらをガラス器に浮かべたり。容器や場所が変わるだけで、新鮮な気分に。

ガラス小鉢［P119］

Column

ボックスのいろいろづかい

排水口ネットをひとつサッと

排水口ネットの収納に、**ポリプロピレンメイクボックス・½横ハーフ**［P114］がぴったり。ボックスにゴムを２本かけ、ゴムとゴムの間から１枚ずつ引き出します。

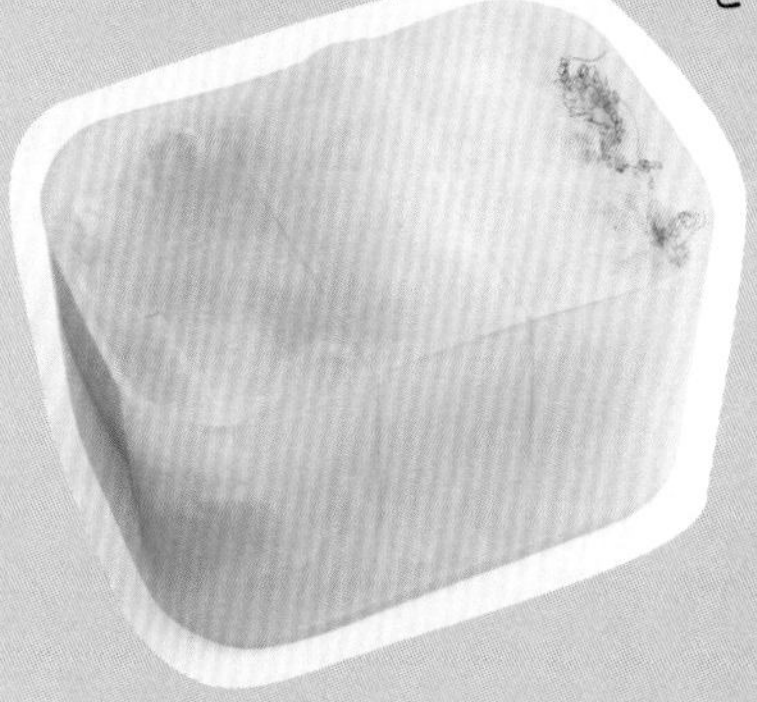

豆苗を二度味わえるケース

袋入りの豆苗を**ポリプロピレンメイクボックス・½横ハーフ**［P114］に移し替えて栽培。半透明なので水の減りがわかり、給水のタイミングを逃しません。

デスクの片隅に簡易ごみ箱

リモートワーク用の部屋はごみ箱がないので、**ポリプロピレンメイクボックス・½横ハーフ**［P114］で代用。机の上がすっきり。

靴の砂で玄関を汚す前に

子どもたちが靴を脱いだら、中の砂を**ポリプロピレンメイクボックス・½横ハーフ**［P114］に落とし、汚れが広がるのを防ぎます。ボックスは下駄箱の下で待機。

働く

コロナ禍で夫が週2日在宅ワークになったことを機に、わが家のホームオフィス化が進みました。

お互いのスケジュールを調整して効率よく仕事をしたり、煮詰まったときの気分転換を工夫したり。小さな試みを重ねて、仕事環境を整えています。

「今日やること」を整理する

仕事が忙しくなると、いっぱいいっぱいになって気持ちばかりが焦ります。それを防ぐために、スマホのメモ機能にやることリストを入れていたのですが、どうもうまくいかない。スマホのメモは更新順に表示されるため、さっき入力したメモが目に入ると気になり、つい「やること迷子」になってしまうのです。

そこで、**インデックスにもなるチェックリスト付箋紙**［P123］の登場です。上から順に今やるべきことをどんどん書いていきます。1枚に13項目書くことができ、だいたい3日〜1週間でこなします。スケジュール帳に貼れるので紛失せず、1週間の予定に組み込むこともスムーズです。仕事が終わったらチェックをつけてタスク完了。

この付箋紙は忙しさのバロメーターにもなり、2枚にわたるとキャパオーバーのサイン。仕事のペースを見つめ直すきっかけにしています。

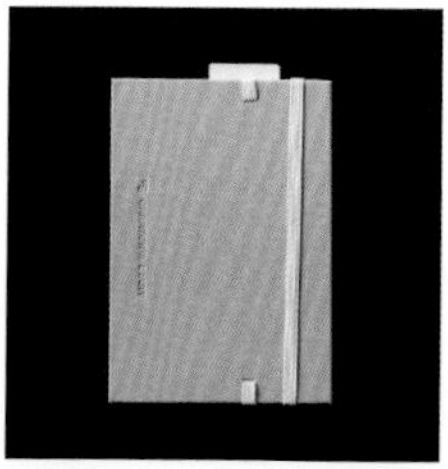

手帳を閉じても、インデックスがのぞいて貼った場所がわかります。ペンは**こすって消せるボールペン**［P123］を使用。予定が変更になったときに書き換えられ、鉛筆などと違って服の袖口が汚れません。

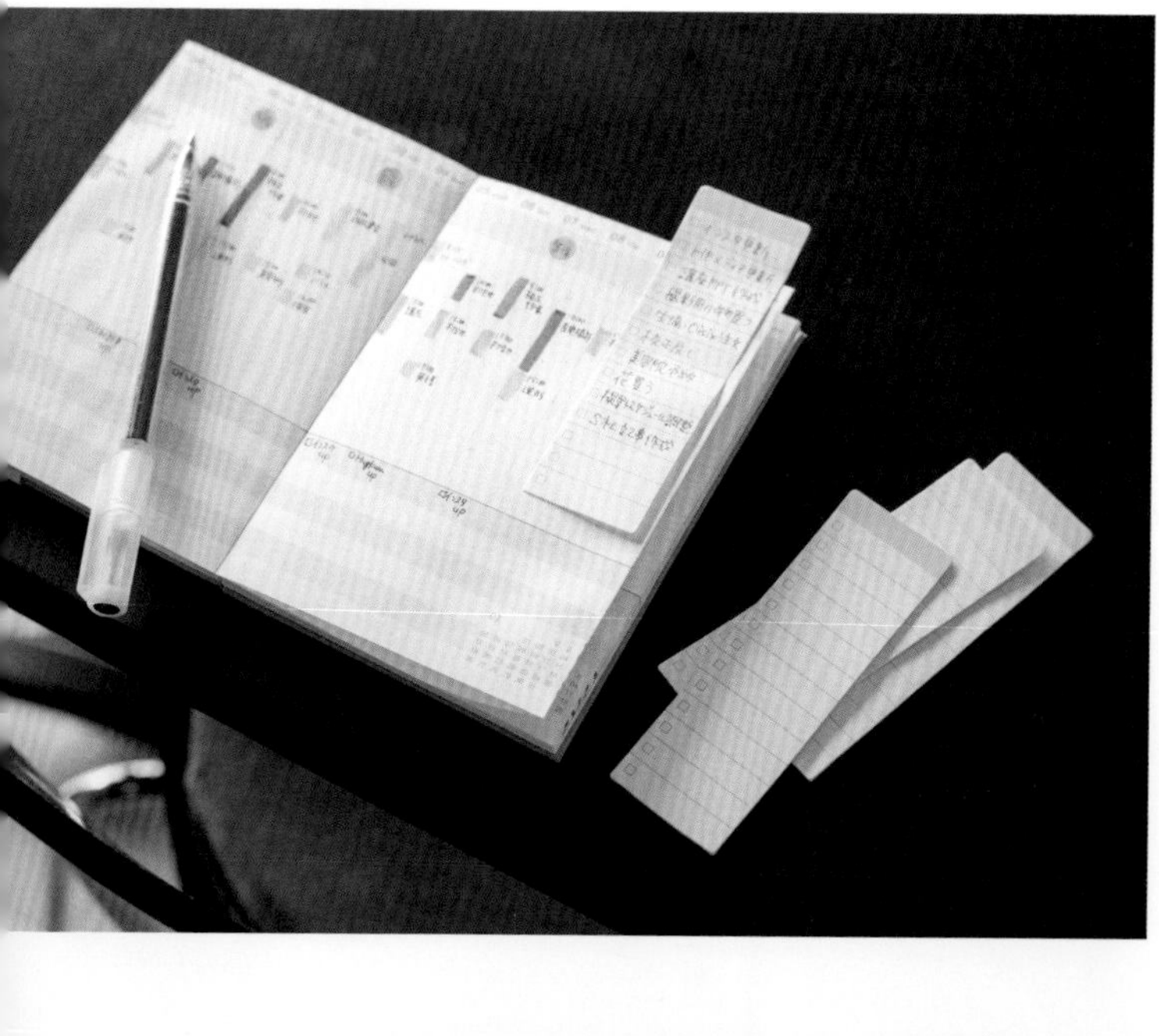

終わりの時間を決める

パソコンのWEBカメラを見たまま、視線の片隅に入るよう時計は大きなものを。付箋を貼る間隔が長いと頭で逆算し始めるので、5〜15分がちょうどいい。

在宅ワークでは時間の感覚をつかみにくく、ついダラダラと過ごしがち。そんな日は、終わりの時間を決めています。

一日にやることを洗い出して順にこなし、次の仕事にとりかかる前に「○分までに終わらせる」とキリをつけるのです。仕事が始まると残り時間を逆算しますが、集中しているときはなかなか難しいもの。そこで、時間が限られているオンライン講座などは、**アナログ時計・大 ホワイト**「P118」を使います。たとえば10時スタートなら、10時5分のところに「挨拶」と書いた付箋を貼り、そこまでに挨拶をすませる。アナログ時計は、長短の針が示す面積で「あと何分」とわかりやすく、スピードを上げるきっかけにもなります。

ひとつひとつの終わりの時間を守るだけで、一日をうまく使えた気分になるから不思議です。

「引き出しと棚板を
一段ずつ抜ける」

ポリプロピレン小物収納ボックス
6段・A4タテ

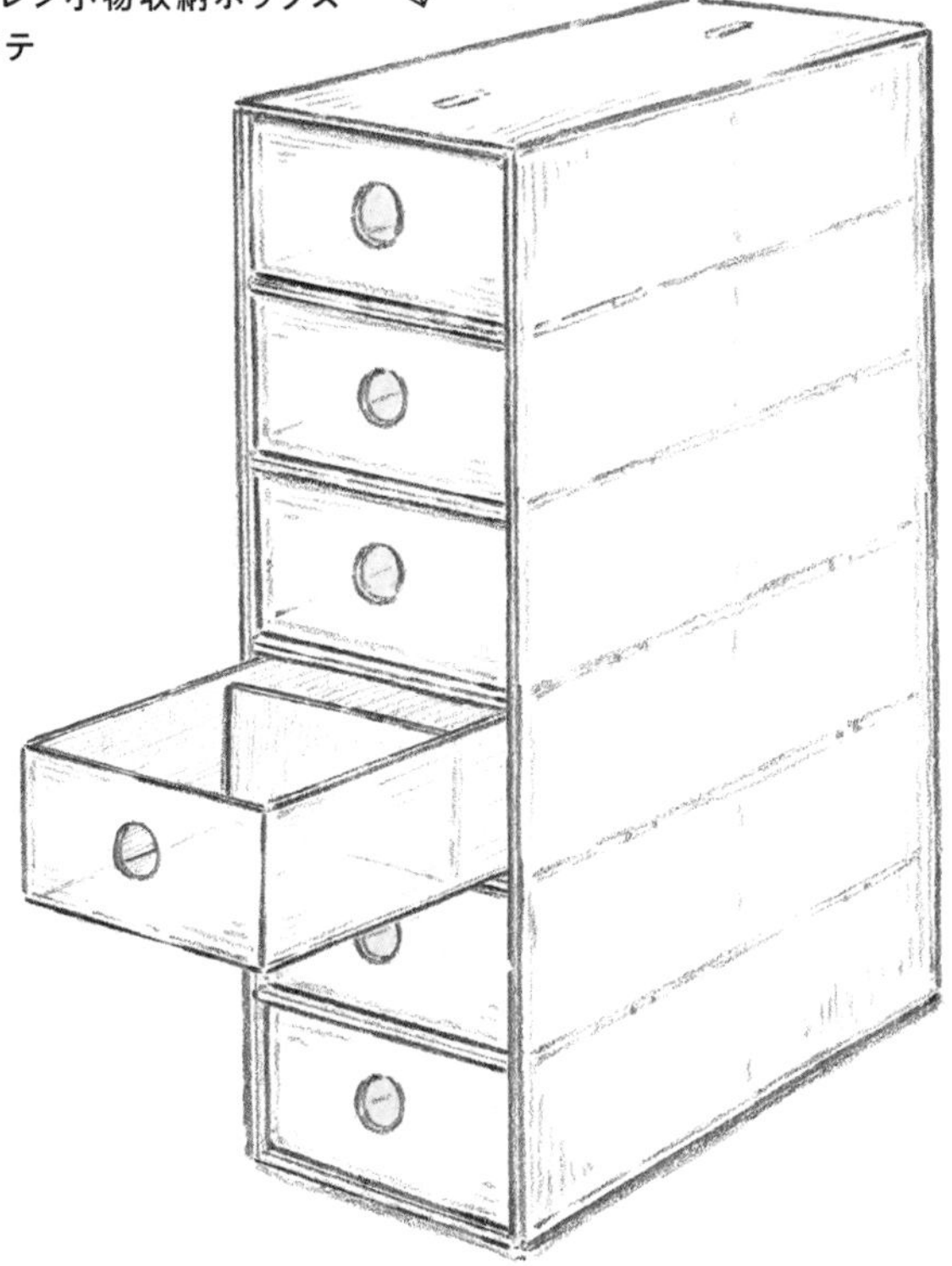

仕事の流れを一瞬たりとも止めない

コロナ禍以前から、仕事はおもにダイニングテーブルで行っています。食事の際は片づける必要があるため、飾り棚に仕事道具の収納スペースを確保。事務用品、書類、PCグッズなどをまとめています。私が座るのは飾り棚のすぐ前の椅子なので、座ったまま出し入れができます。

　事務用品の収納には、**ポリプロピレン小物収納ボックス**

すき間から中が見えて
直感的に取り出せる

引き出しは扉を開けた中にあり、座ったままものを出し入れできます。見下ろすとすき間から中身が一望でき、もののありかが一目瞭然。戻すときに、ポイッと投げ入れることも。

飾り棚の前が私の定位置。テーブルをリセットしやすいよう、すぐ後ろに仕事道具や書類の収納場所を設けました。

6段・A4タテ［P114］を。事務用品は種類が多く、すべての収納場所を覚えられません。そこで、引き出しと棚板を一段おきにし、すき間をつくって中身が見えるようにしました。これなら、使いたいものがすぐ見つかります。また、引き出しについている仕切り板を使えば、こまごましたものを分類できます。

ひと口に在宅ワークといっても、オンライン会議や事務作業などいろいろで、さまざまな道具を使い分けているもの。そのつど「どこだっけ?」と考えずにすんで、思考が中断されない。仕事の流れが止まらず、すいすいはかどります。

ワークスペース収納

飾り棚の下段と扉の中が仕事道具の収納場所。こまめにリセットするため、ものの定位置を決め、すぐ戻せるようにしています。

3段のドキュメントトレーを置いて、郵便物や領収書、PCグッズを収納。持ち歩く手帳やペンケースは、パソコン下のケースに。

領収書はポケットホルダーにはさむだけ

苦手な領収書整理は、細かく分けず、仕事の経費と医療費の2分類に。**ノートカバーにもなるスリムポケットホルダー** [P123] はサイドから差し込め、出し入れがスムーズです。

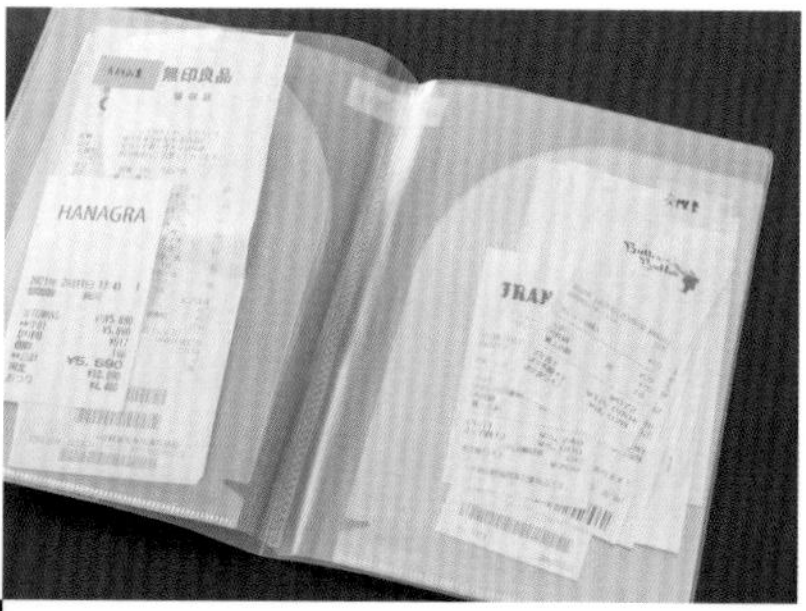

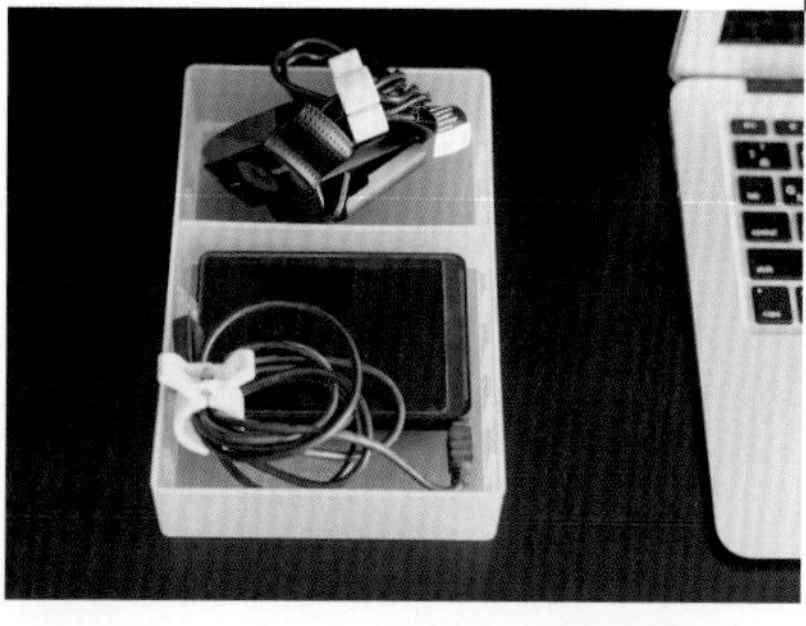

PCグッズはまとめて準備万端に

ポリプロピレンデスク内整理トレー4 [P114] に、WEBカメラとハードディスクをまとめ、テーブルへサッと出せるように。仕切りつきでコードがからまりにくいのも嬉しい。

事務用品は「用途分け」で使いやすく

名刺やコインケース、宅配便の送付状はケースを分けて、目当てのものだけ取り出せるように。ぴったり収まる**ポリプロピレンデスク内整理トレー2と同4**［P114］を使用。

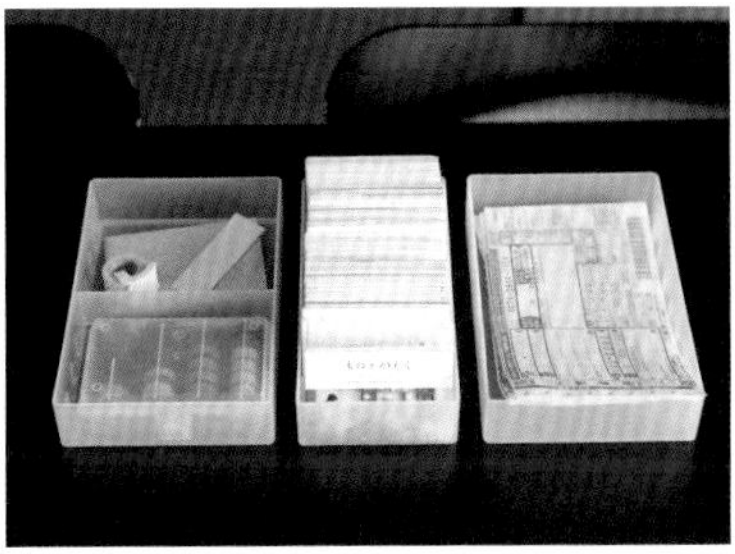

書類はパッと見つかるよう色で分類

小学校はピンク、仕事はブルーなど。クリアファイルと**ポリプロピレンスタンドファイルボックス・A4用**［P113］のラベルの色をそろえて、迷わず取り出せるように。

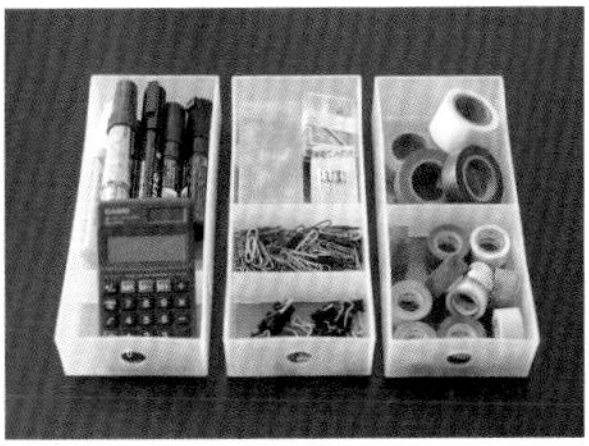

文房具は手前からよく使う順に収納

ポリプロピレン小物収納ボックス6段・A4タテ［P114］の引き出しは、仕切り板を活用し、種類別に分類。すき間から戻せるよう、一番前に使用頻度の高いものを。

書類や事務用品は扉の中へ。書類は仕事が終わるたびに処分し、スペースはこれ以上増やしません。上段には名刺などを。

どこでもホームオフィスに

夫が在宅ワークの日は、仕事の会話が飛び交って、家がまるでオフィスのよう。私はおもにダイニングテーブルで仕事をするのですが、オンライン会議などに備えて、ひとりでこもれる第二のオフィスを開設。洗濯室に小さな机を置いて、交替で使っています。互いのスケジュールを事前に伝え合い、集中したい人が第二のオフィスへ。日によって

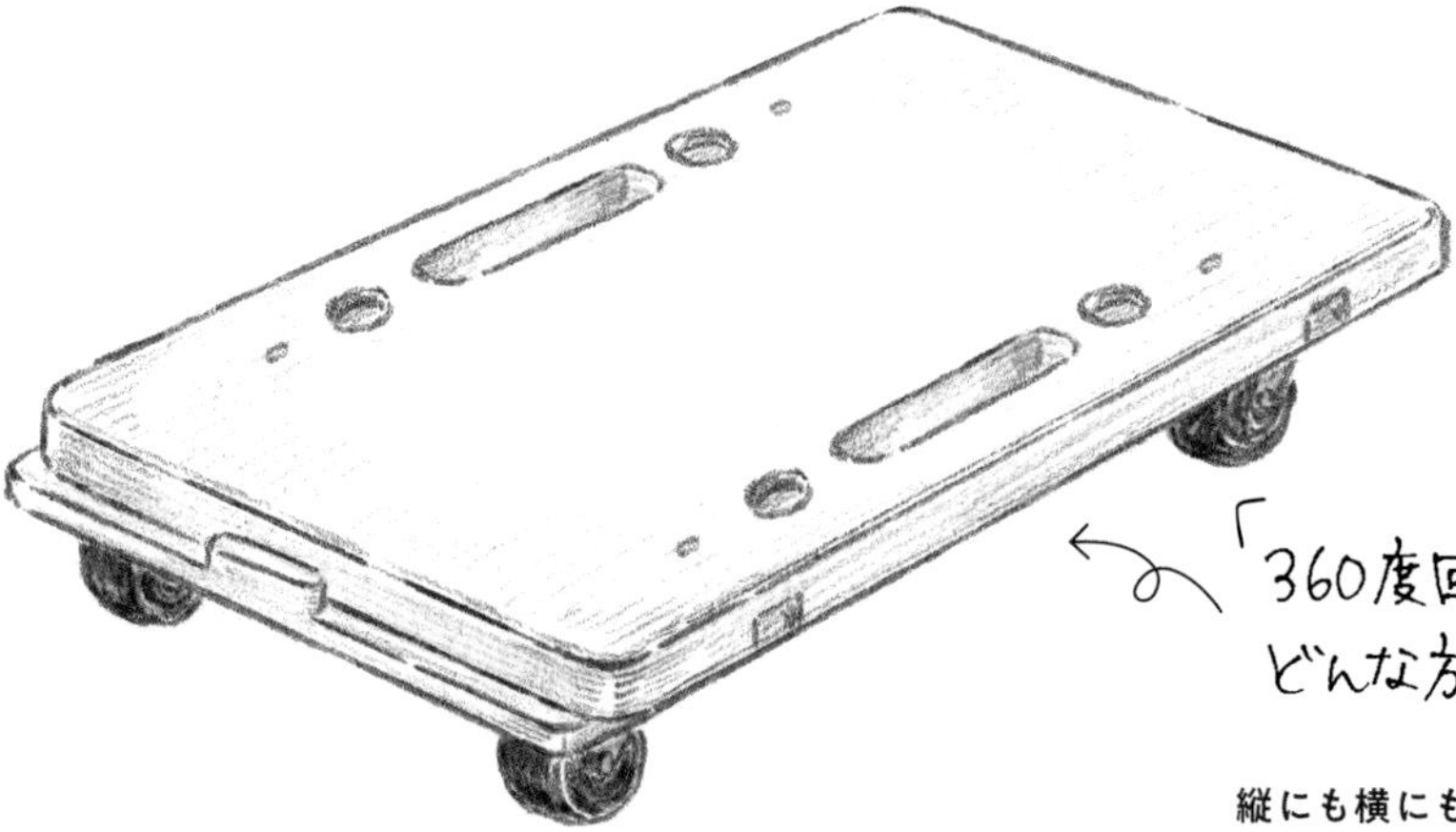
「360度回転で
どんな方向へも」

縦にも横にも連結できる
ポリプロピレン平台車

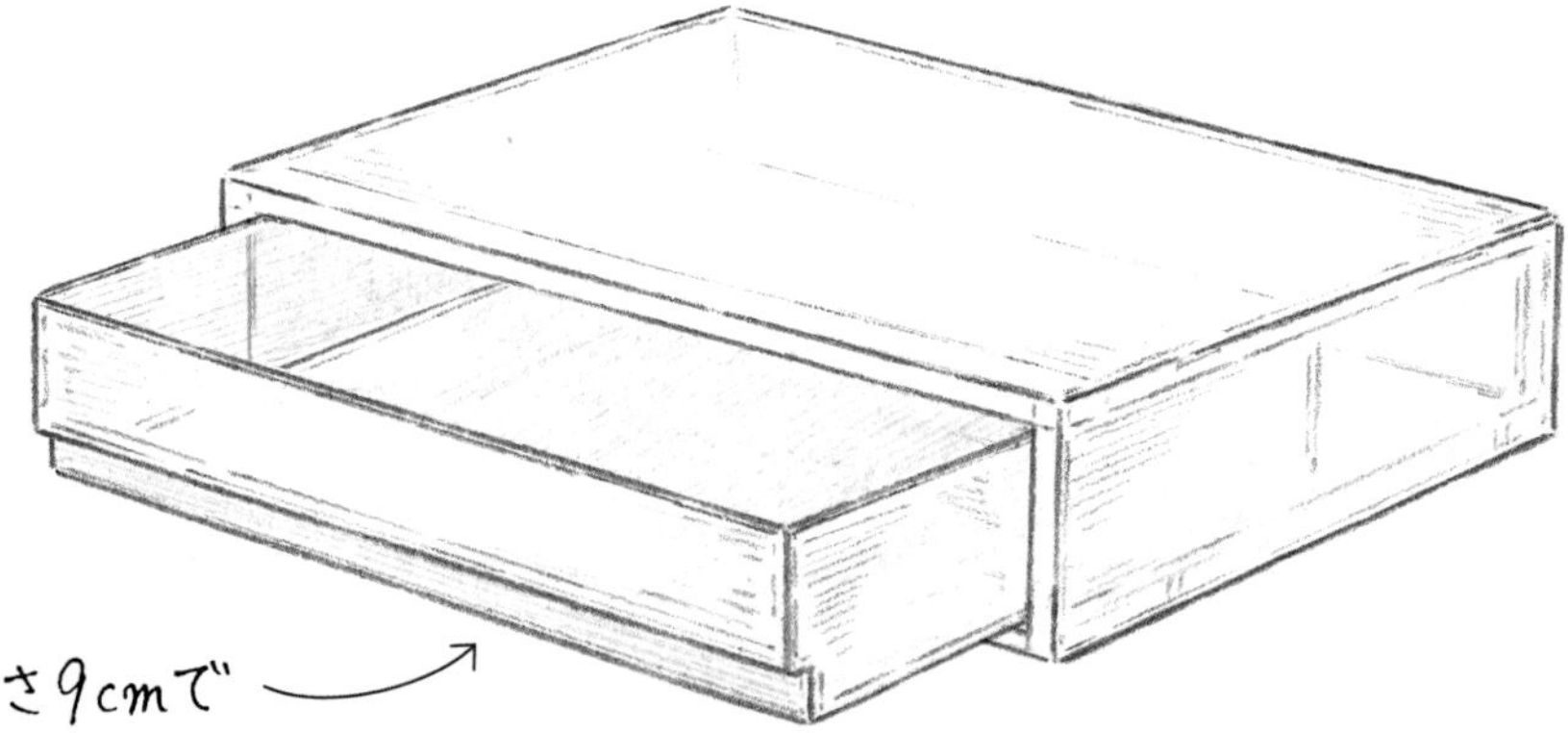
「高さ9cmで
文房具を一覧できる」

ポリプロピレンケース引出式・横ワイド・薄型

働く場所が変わるので、書類を移動しやすいよう、**縦にも横にも連結できるポリプロピレン平台車**［P114］で、可動式の書類棚をつくりました。ダイニングに収納している書類を、ファイルボックスごとのせて洗濯室へ。キャスターが進みたい方向にまっすぐ向かうので、スムーズに移動できます。書類の置きっぱなしもなくなり、洗濯室がすっきり。また、夫には机が低かったようで、**ポリプロピレンケース引出式・横ワイド・薄型**［P114］をのせてPCを使用。置き場所に困る小物は引き出しに収納しています。

平台車と引き出しで、ホームオフィスを実現。工夫しながら乗りきっています。

洗濯室の第二オフィス。**スチールチェア・樹脂座（ダークグレー）**［P118］は座面や背もたれが姿勢に沿うので長時間でも疲れません。

小引き出しで PC台と収納を兼用

机の高さが足りず、家にあった引き出しを設置。引き出しに小物を収納できるので、机が広々と使え、あと片づけもラクチン。

ファイルボックスと台車で 動く書類棚

書類を入れた**ポリプロピレンスタンドファイルボックス・A4用**［P113］を台車に。わざわざ収納場所に取りに行く手間を省けます。

書くだけで思考が整うノートを使う

仕事を始めるとき、打ち合わせをするとき。私が決まって広げるのは**週刊誌4コマノート・ミニ**［P122］です。

昔から私は、メモをとったりアイデアをアウトプットするのは、文字よりも絵が多め。罫線入りのノートは窮屈で、フレキシブルに書ける白紙が好みです。とはいえフリーすぎると至るところにメモし、時系列がわからない。このノートは白い枠が縦一列に4つ並び、順に埋めていくだけで、頭の中で考えていたことがところてん式に押し出されます。つまり、書くだけで思考が整理され、展開が見えてくるのです。ひとつのテーマで、見開きに収まるようにすれば一覧性もあり、あとから見返しやすくなります。

じつはこのノート、入社当時に先輩方が「ノート100アイデア」という企画で絞り出したうちの一冊で、ロングセラー商品。私のようなファンがどこかにいるのかな、と思うと嬉しくなります。

白い枠が縦に4つ並び、ひとつ書くと「次はどうする？」と先へ先へと考えが動きだします。パワーポイントのスライド作成やインスタグラムの構成などを考えるときにも有効。

グリーンと香りで気分を変える

外出がままならず、家の中でも自然を感じたいとグリーンを購入しました。目線の先に置いて、仕事が煮詰まったら、ほっとひと息。上へ上と伸びる枝は、気持ちをポジティブにしてくれます。

植木鉢はなかなか素敵なものが見つからず、ホームセンターで手頃なものを選び、**巻きつけるプランターカバー**［P125］でインテリアとの調和を図りました。下に置く**排水できるプランタートレー**［P125］は、排水量がわかり、水やりを加減しやすいです。

仕事中に考えが堂々巡りしているな、と感じたら、**アロマストーン 皿付・グレー**に**エッセンシャルオイル ゼラニウム**［P124］を5〜10滴。アロマストーンは面倒な手入れがいらず、家じゅうで使えます。

カバーは折り返して高さを調整。トレーはキャスターつきで、日当たりがよい場所に移動できます。たまった水は引き出して処分。

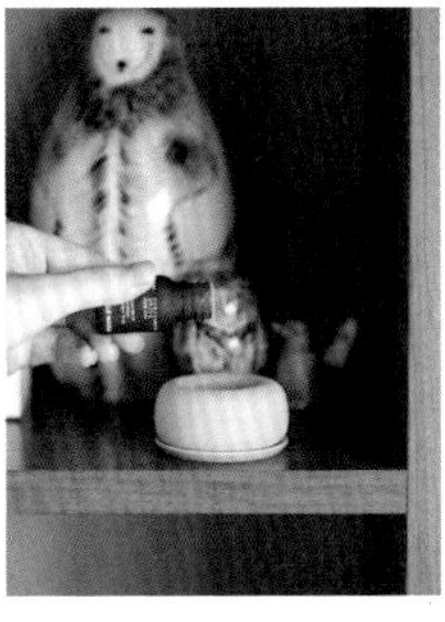

アロマストーンならオイルを垂らすだけ。水の注入やコンセントの抜き差しが必要ありません。気持ちが落ち着くゼラニウムを愛用。

仕事の小さな習慣

ティータイムの充実

夫が週に2日は在宅ワークになり、お茶を飲む機会が増えました。季節のお茶やハーブティー、コーヒーなどバリエーションを持ち、気分に応じて選べるよう、ボックスに分けて収納。振り返ればシンクがあり、すぐ上には電気ポットも。お湯もすぐに沸かせます。

ポリプロピレンメイクボックス・½、ポリプロピレンコットン・綿棒ケース［P114］

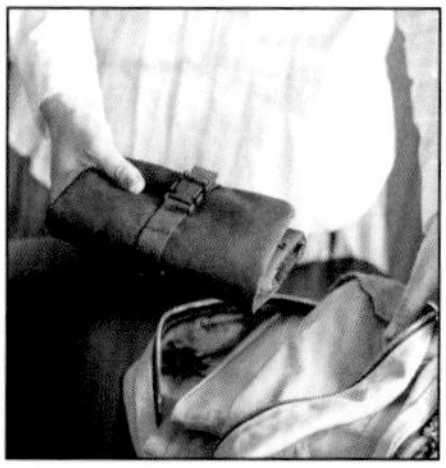

PCグッズはスマートに持ち歩く

出先で行う講座で、PC作業やプロジェクターを使うことがよくあります。ケーブルやUSBメモリなどの小さな機材は、まとめると識別しにくいので、分けて収納。中身が見えるメッシュのケースなら、ものが一目瞭然。折りたたむとコンパクトでバッグのすき間に収まります。

ポリエステル吊るせるケース小物ポケット［P116］

書類は「サイドイン」で出し入れしやすく

進行中の書類は頻繁に出し入れするので、横から差し込めるホルダーを使っています。1冊1プロジェクト制にし、終了時に要・不要を仕分け。必要なものだけインデックスにプロジェクト名を書き入れ、クリアファイルにはさみ、ファイルボックスで保管します。

ポリプロピレン携帯に便利なスリムポケットホルダー［P123］

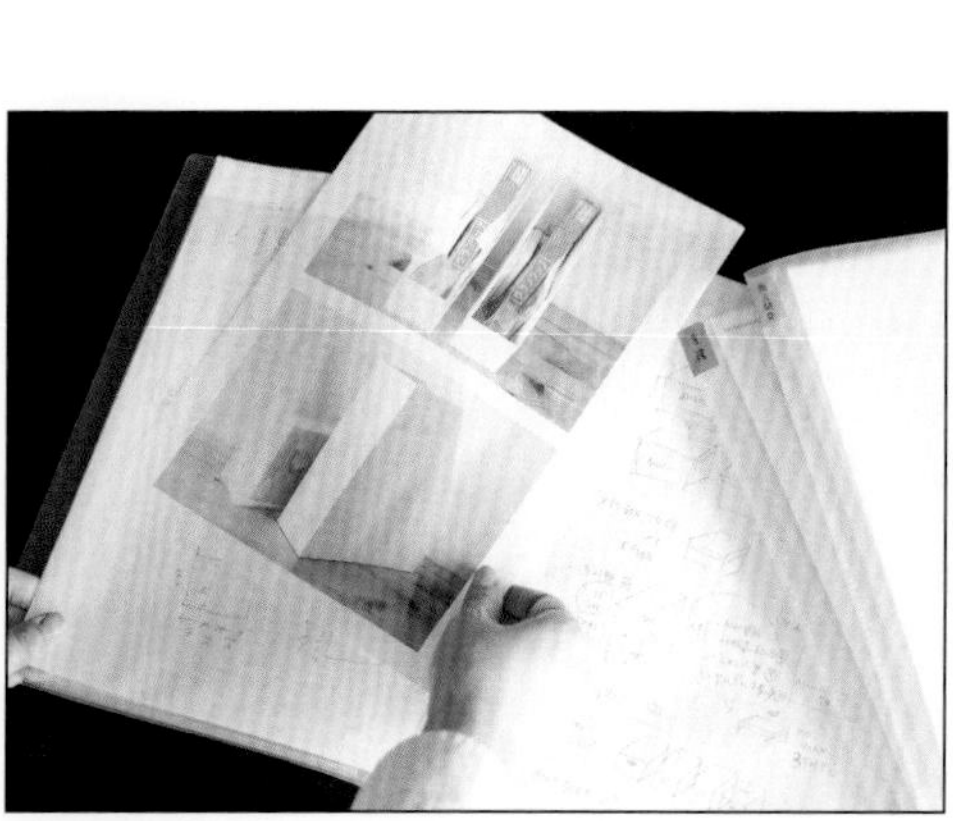

育む

ステイホームで親子で過ごす時間が増えました。子どもたちの成長を感じる瞬間もあれば、コロナ禍の影響で不安げな一面も……。

安心して暮らせるよう、なるべくいつも通りに。勉強や片づけは自分でできるしくみをつくり、遊びは精いっぱい応援します。

「片づけなさい！」と怒るのはやめた

「くり抜きの持ち手が握りやすい」

やわらかポリエチレンケース・ハーフ・中

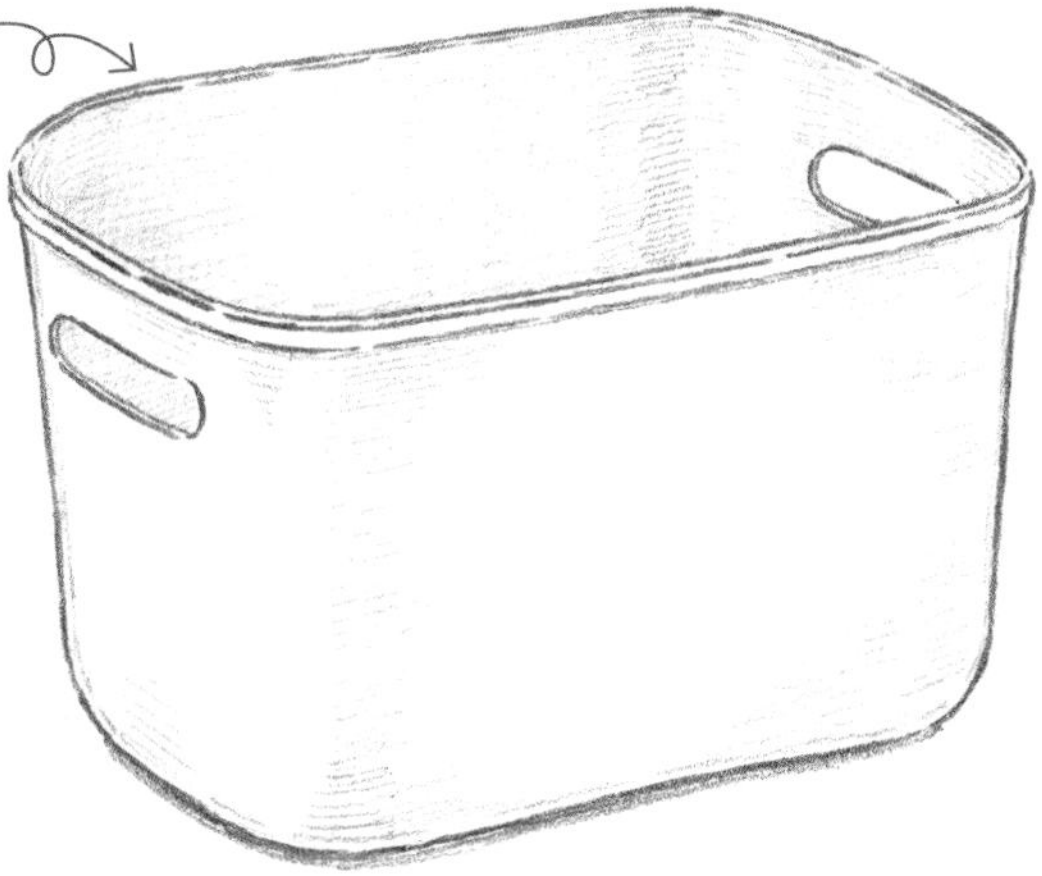

「広口でポイッと投げ込める」

ポリエステル綿麻混・ソフトボックス・長方形・中

子どもが遊びはじめると、部屋がおもちゃの海になるまでは一瞬！　それでも「片づけなさい！」と言わずにすむのは、収納のしくみが整っているから。親が3分で片づけられないしくみは、子どもが30分かけても片づきません。

おもちゃは使用頻度で1軍と2軍に分け、1軍を部屋に出し、量を絞ります。さらに人形、ブロックなどに分類し、

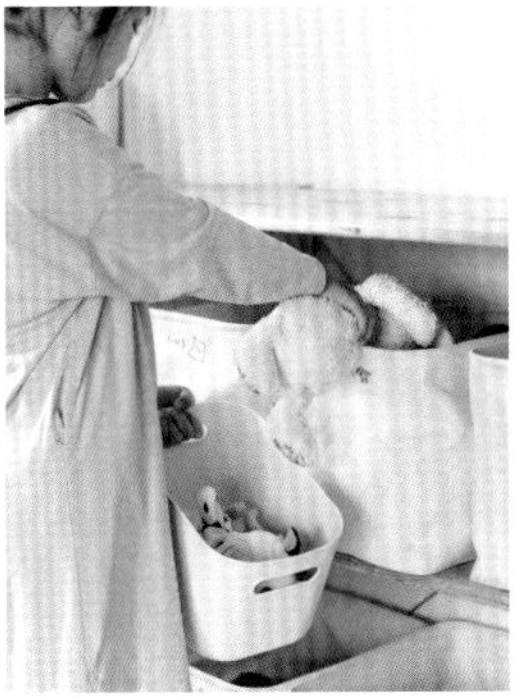

「集める→入れる」の
2ステップなら、自分で片づけられる

おもちゃを拾い集め、棚に置いたボックスに放り込む。どのボックスか迷わないよう、分類の数は最小限にします。棚とボックスに手が入るすき間をつくるのも大事。ボックスを引き出す必要がなく、片手でしまえます。

ポリエステル綿麻混・ソフトボックス・長方形・中［P115］へ。布製のボックスはかさばるものが収まりやすく、子どもが床に落としても安心。ワイヤー入りで広い口がキープされるので、おもちゃをポイポイ投げ込めます。

また、散らかったおもちゃは**やわらかポリエチレンケース・ハーフ・中**［P115］で拾い集め、何度も棚に往復しないですむように。このケースは、持ち手をぎゅっと握っても痛くありません。

おもちゃを集めてポイッと投げ込む。2ステップなら、幼児でも大丈夫。片づけは子どもに任せ、親はしくみづくりを頑張ります。

子ども部屋収納

おもちゃ、絵本、衣類の棚を分け、遊びと着替えの場所をはっきりと区別。子どもが行動を起こしやすく、ものの混在も防げます。

棚は用途別にレイアウトしています。おもちゃと絵本棚は同じゾーンに。衣類棚は写真右手に配置。

養生テープで気軽に貼り替え

中身が変わったらすぐ貼り替えられるよう、ラベルは養生テープを使用。油性ペンで手書きにすれば気楽で、替えどきを逃しません。

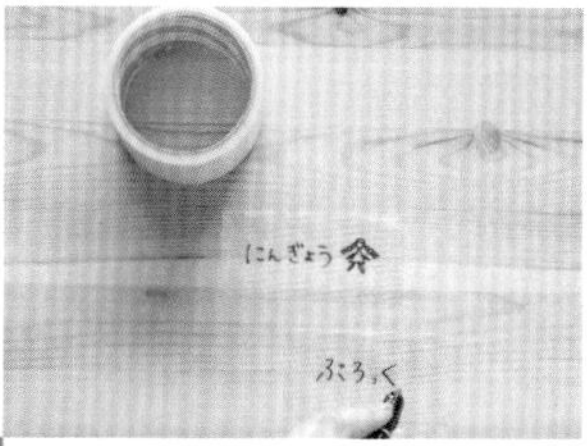

おもちゃ

迷うおもちゃは「いろいろボックス」へ

分類しにくいおもちゃは、「いろいろ」と書かれた**ポリエステル綿麻混・ソフトボックス・長方形・中**［P115］に。戻す場所に悩まず、片づけの手が止まりません。

すき間をつくって投げ込み式に

棚ぴったりにボックスが収まると、手で引き出す必要があり、両手を使うことに。棚とボックスにすき間をつくれば、ものを放り込むだけなので、片手で片づけられます。

絵本

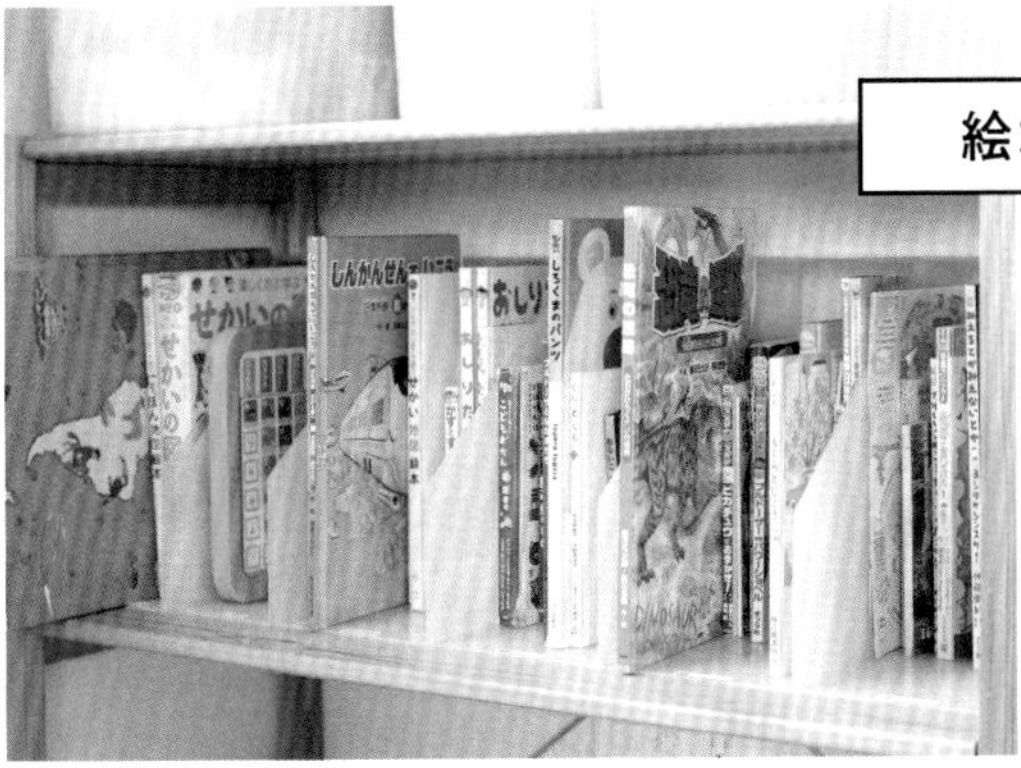

ファイルボックスなら出し入れがスムーズ

棚に**ポリプロピレンスタンドファイルボックス・A4用、同ワイド・A4用**［P113］を倒して並べ、中に絵本を。安定感があって出し入れしやすく、見た目も自然と整います。

2軍の絵本と服は分けてクローゼットに

絵本と衣類は使用頻度で分け、頻度の低いものをクローゼットで保管。上段の中身が透けて見える**ポリプロピレンキャリーボックス・ロック付・小**［P114］は、パッと見つかるので入れ替えがラク。

学校の持ち物はセット化すれば忘れない

ハンカチなど忘れがちなものは、必ずはく靴下と一緒に。**ポリプロピレン整理ボックス2、同3**［P115］、**ポリプロピレンコットン・綿棒ケース**［P114］に分けて入れています。

衣類

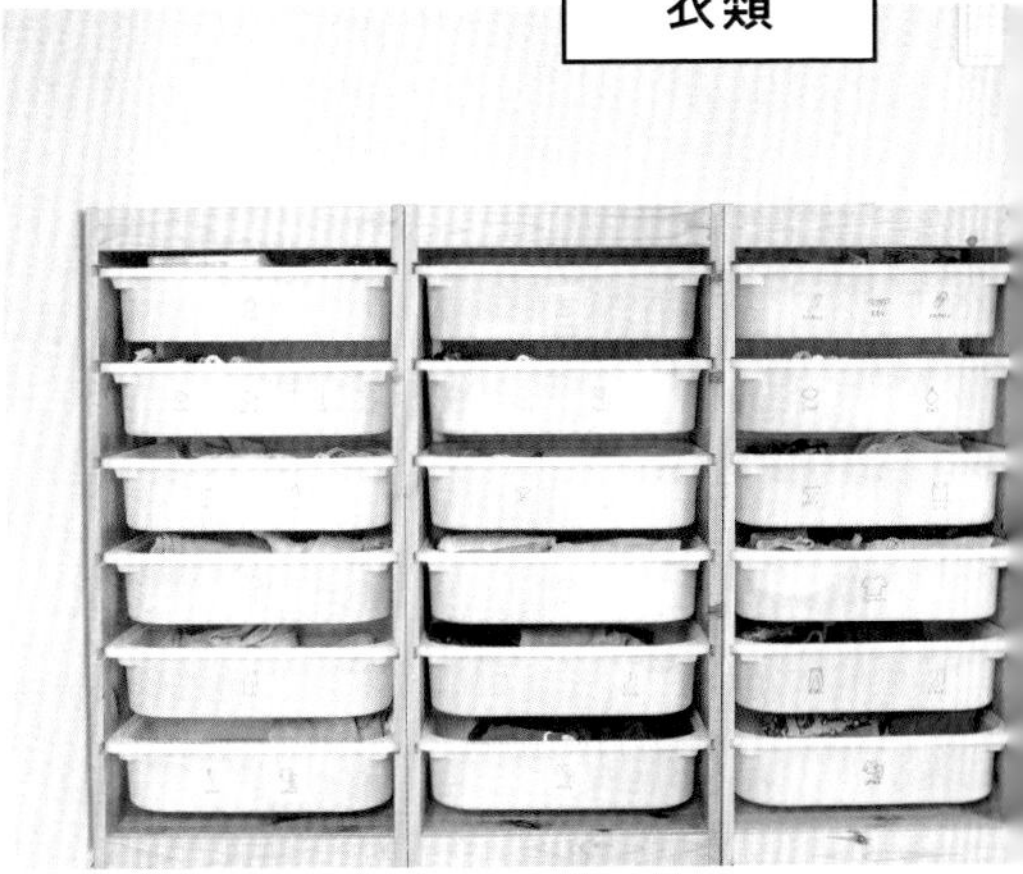

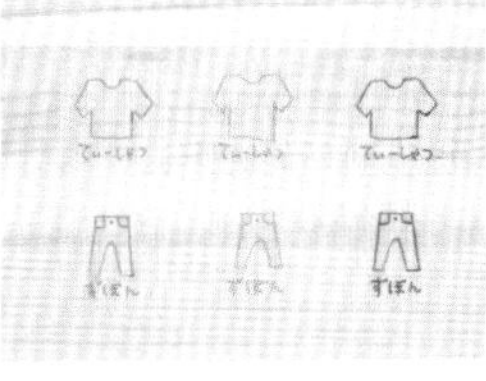

ラベルは人別に色を変えて見つけやすく

まだ字が読めない4歳児のために、ラベルは絵と文字の両方を併記。自分専用の色を決めてあげれば、瞬間的に「自分のもの」とわかり、取り違えることがありません。

ラクに引き出せるよう、浅くて軽いトレーに

衣類を収納した棚は、浅くて軽いトレーが決め手。ちょっと引き出すだけで、子どもが自分で出し入れできます。奥行きも浅いため、全部を見渡せて、見つけやすい。

「ふつうの棚」で収納を変化させる

3人の子どもたちは2歳違いで、長女が中学生になる頃、下の2人はまだ小学生。年齢が上がるたびに、家具を買い替えるのはナンセンスだなぁと考え、子ども部屋には組み替えの利く棚を使っています。

パイン材のユニットシェルフは、棚板や帆立などの組み合わせが自在で、子どもの成長に合わせて変化させることができます（P89は、**パイン**

「パーツの組み合わせが自由自在！」

パイン材のユニットシェルフ

材ユニットシェルフ・帆立・小、同棚板・86cm幅用、同クロスバーL）［P118］。

細工のない「ふつうの棚」なので、ボックスを並べたり、ファイルボックスで仕切ったり……と、自由自在にカスタマイズ。しかも、組み立てが簡単！

帆立を固定し、棚板をのせて、背面にクロスバーを取りつけるだけで完成します。使っているうちに飴色に変わり、それが味になる楽しみも。

そして、天然木の割にリーズナブル。成長の節目で「子ども部屋の収納どうしよう？」と悩まずにすみ、将来の心配も手放せます。

カスタマイズできるから、成長に合ったしくみに

現在

おもちゃの種類が少なく、サイズも大きめなので、**ポリエステル綿麻混・ソフトボックス・長方形・中**［P115］に放り込み式に。分類はブロック、人形など6つ。

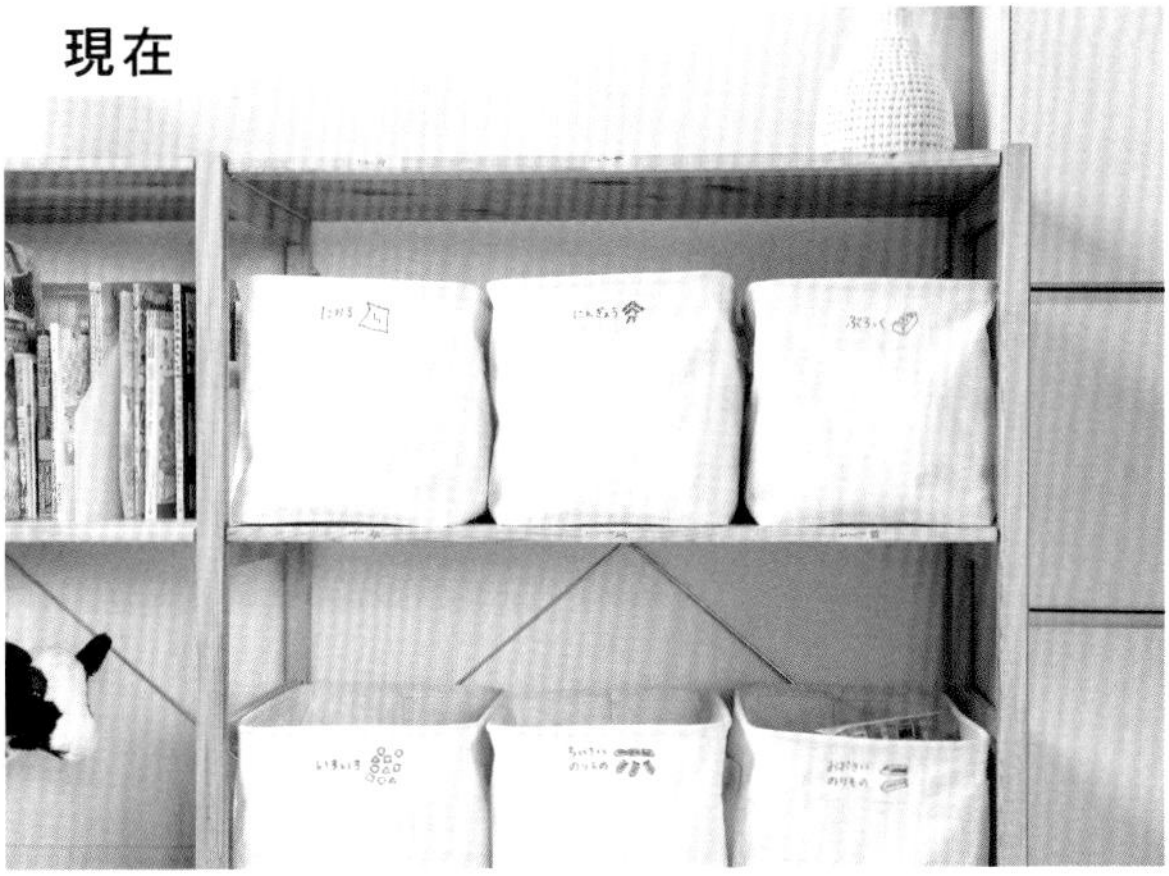

2年後

今後ゲームやカードなどが増えたら、浅めの**ポリエステル綿麻混・ソフトボックス・長方形・小**［P115］に替え、中が見えるように。中は**ポリプロピレン整理ボックス4**［P115］で仕切る予定。

「一体型で
安定感がバツグン」

アクリル仕切りスタンド
3仕切り

「コードレスで
移動がラク」

手元をてらすリビングライト

リビング学習の環境を整える

緊急事態宣言による休校で、長女は自宅学習に。ダイニングテーブルに親子が並び、黙々と仕事や勉強をする日々が続きました。

学習リズムが乱れないようにと、きょうだいそろってタブレット学習を導入。テーブルそばの飾り棚に、**アクリル仕切りスタンド 3仕切り**［P115］をセットし、タブレット置き場をつくりました。

ライトの照射角度が広く、2人同時に勉強しても、ちゃんと手元を照らしてくれます。タブレット学習の間は親も仕事に集中できます。

自分でテーブルにセットできる

コードを差し込む手間がいらないので、子どもが自分で準備。すぐに勉強をはじめられます。折りたたみ式でLEDを内側に収納できるため、倒れても壊れる心配なし。

出し入れしやすく、見つけやすい

厚めのアクリルは重みがあるので、出し入れでズレません。もの全体が透けて見え、場所も一目瞭然。タブレットと自由帳のラベルは人別に色を変えて。

高さ16㎝の仕切りはタブレットをしっかり支えてくれ、出し入れがスムーズ。一体成型でつくりが丈夫なため、適当に置いてもグラつきません。

あわせて買ったのが、**手元をてらすリビングライト**［P118］。コードレスで面倒なコードの差し込みがいらないので、子どもが自分で準備できます。持ち手つきで移動しやすく、好きな場所に置ける。三角柱で重心が低く、倒れにくいのも魅力です。

タブレット学習のおかげで、子どもの勉強意欲が向上。集中する時間が長くなり、親の時間が増えるというオマケもついてきました。

勉強がはかどるしくみ

文房具、眼鏡、タブレット……。自宅学習で使うものは、準備をスムーズに。収納の工夫で、気持ちよく勉強のスタートをきります。

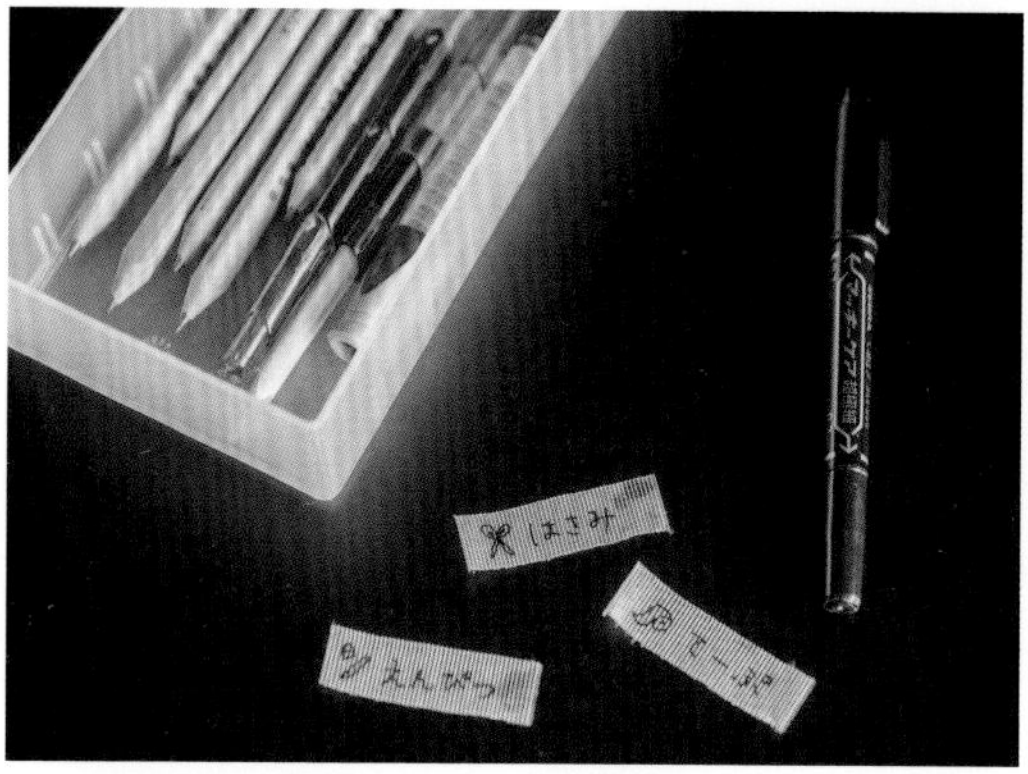

ラベルは手書きで更新しやすく

文房具を入れた**ポリプロピレンデスク内整理トレー2**［P114］。中身とラベルの内容が違うと、子どもは混乱してしまうもの。テープと油性マジックならすぐに書き換えられます。

眼鏡はケースに立てれば、手に取りやすい

ブルーライトカット眼鏡は、**ポリプロピレンコットン・綿棒ケース**［P114］に立てて収納。サッと取り出せ、あと片づけもラクチン。ケースはタブレット置き場の近くに。

飾り棚の下段が子どもの収納スペース。3段のドキュメントトレーに文房具、仕切りスタンドにタブレットや自由帳を収納。

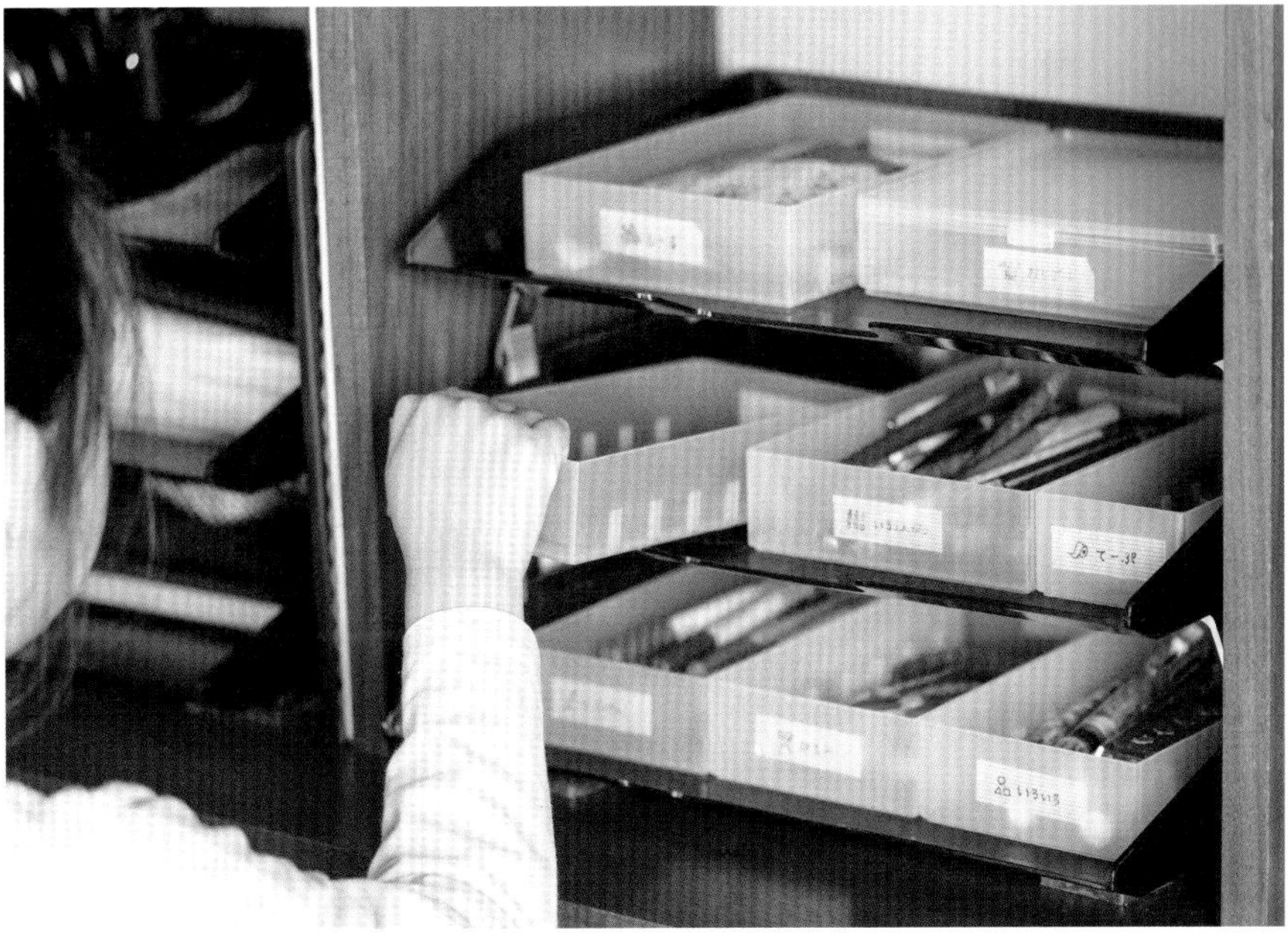

すぐはじめられるよう、
文房具はテーブルの近くに

ダイニングの椅子に座って手が届きやすい位置に文房具を。文房具のサイズや量で、**ポリプロピレンデスク内整理トレー2、同3、同4**［P114］を使い分け、3段のドキュメントトレーに収まるように。

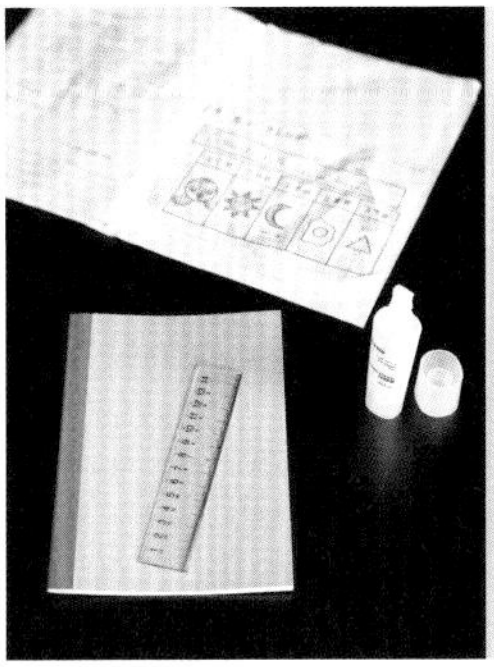

子どもが扱いやすい文房具の話

無印良品の文房具はユニバーサルなデザインが多く、たとえば**ノート・無地**［P122］は左右・上下どこから使ってもOK。自由に書きたい子どもにとっては、パッと開いてすぐ書けます。**アクリルクリア定規**［P123］は左利きでも使いやすいよう、2通りの目盛りつき。わが家で重宝しているのが、**しわにならない液状のり**［P123］。プリントを貼ったときにシワにならず、裏面もしっかり使えます。

フックひとつで朝の忘れ物を防ぐ

長女の登校は7時55分。5分前には子ども部屋に向かい、ランドセルを背負って、帽子とマスクを装着。荷物が多い日は手提げカバンを持って出かけます。帰宅後も同じ流れで、身に着けたものを棚に収めます。

学校に持っていくものは、1か所にひとまとめに。棚の側面に、**ステンレス横ブレしにくいS字フック・小**とステ

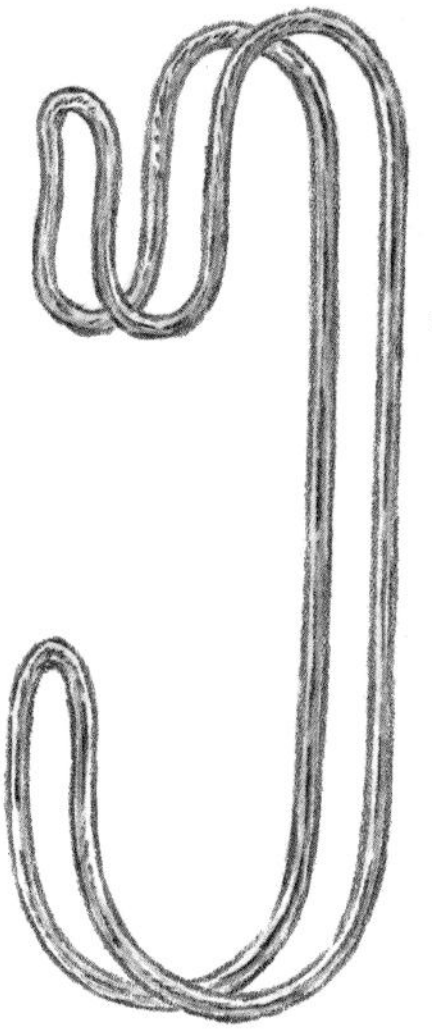

「上下2か所がけで省スペース」

ステンレス横ブレしにくいダブルフック

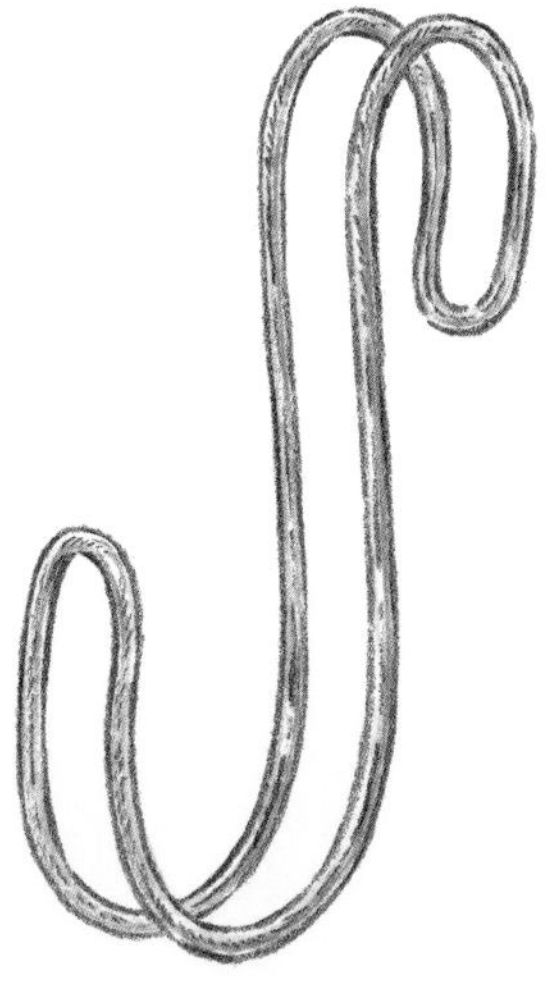

「横ブレと重さに強い二重構造」

ステンレス横ブレしにくいS字フック・小

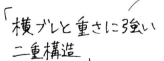

ンレス横ブレしにくいダブルフック［P116］を引っかけ、ランドセルや水筒ホルダーを収納します。S字フックは二重ワイヤーで耐荷重が5kgあり、教科書入りのランドセルを吊るしても安心。

　上下2か所にかけられるダブルフックには、帽子や手提げカバンを。場所をとらず、持ち物をまとめるのに便利です。手提げカバンはあえてランドセルにかぶせるように吊るし、一緒に持っていくしくみにしています。

　持ち物をまとめておくと、あちこち取りに行かずにすんで、準備がスピーディ。すべてのものが一覧できるので、ピックアップしやすく、忘れ物を防ぐことができます。

ランドセルやマスク。身に着けるものをまとめて収納

パイン材ユニットシェルフ・帆立・中、同棚板・86㎝幅用、同クロスバーL［P118］にフックを引っかけて、学用品を収納。フックはゴムで固定しています。

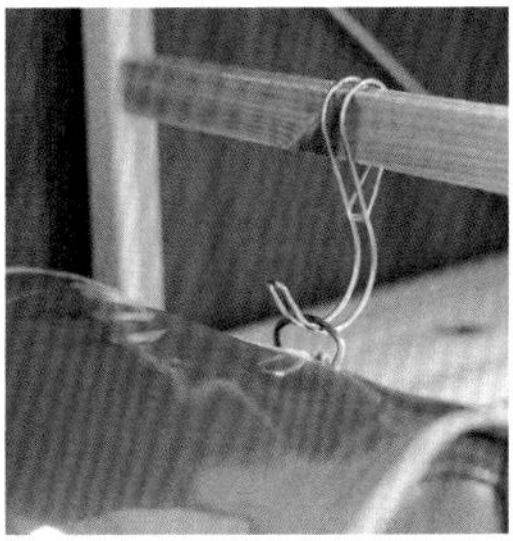

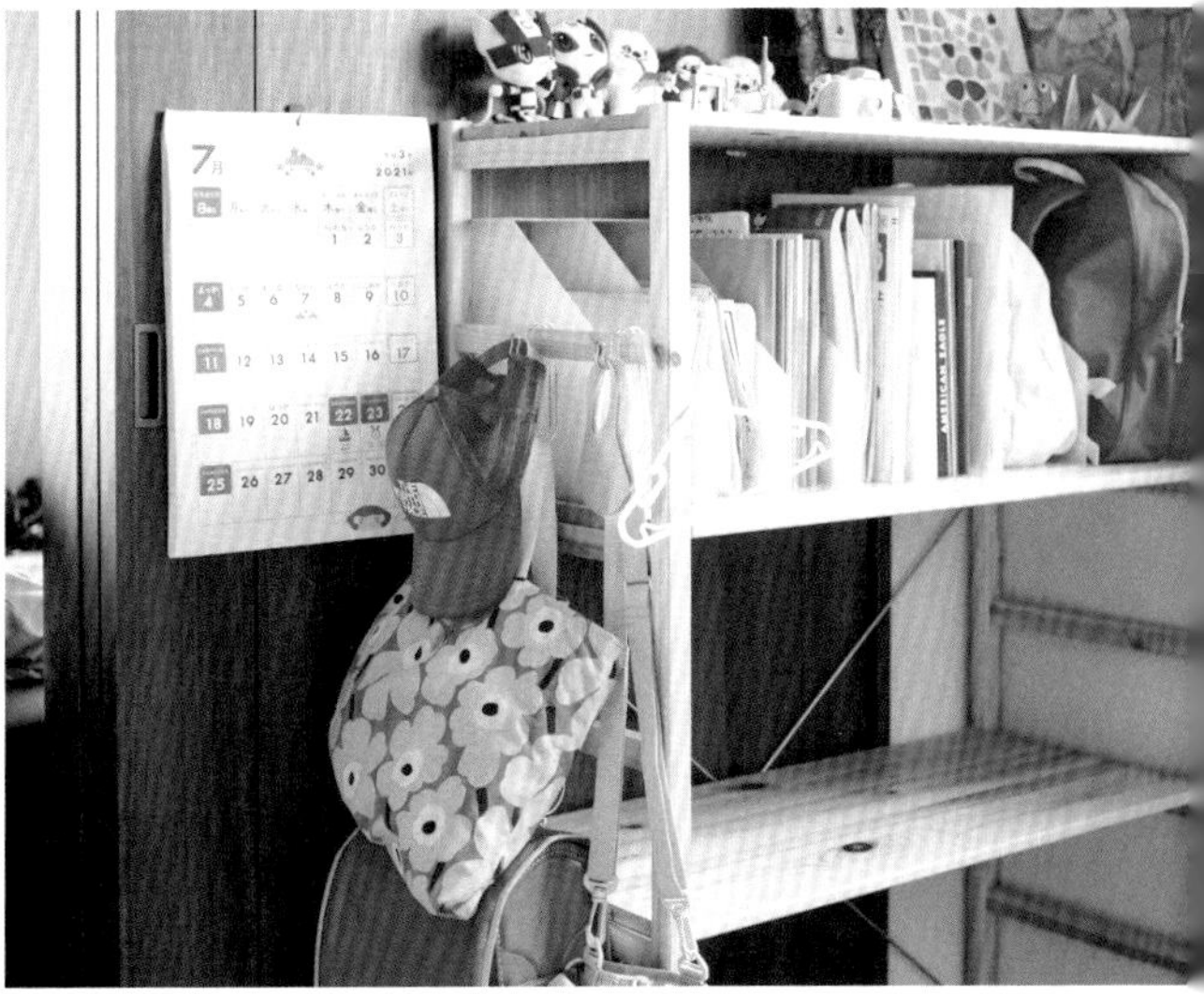

（ファイルボックスでも）

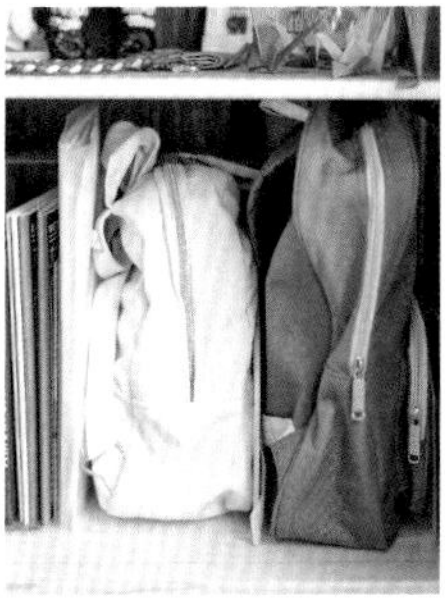

カバンの指定席

幅広の**ポリプロピレンスタンドファイルボックス・ワイド・A4用**［P113］を倒して並べ、習い事バッグの定位置化を。あちこち置かなくなり、探しません。

紙類は分けて収納

教科書やプリントは一緒にせず、別々の**ポリプロピレンスタンドファイルボックス・A4用**［P113］に。パッと取り出せ、準備がスムーズ。

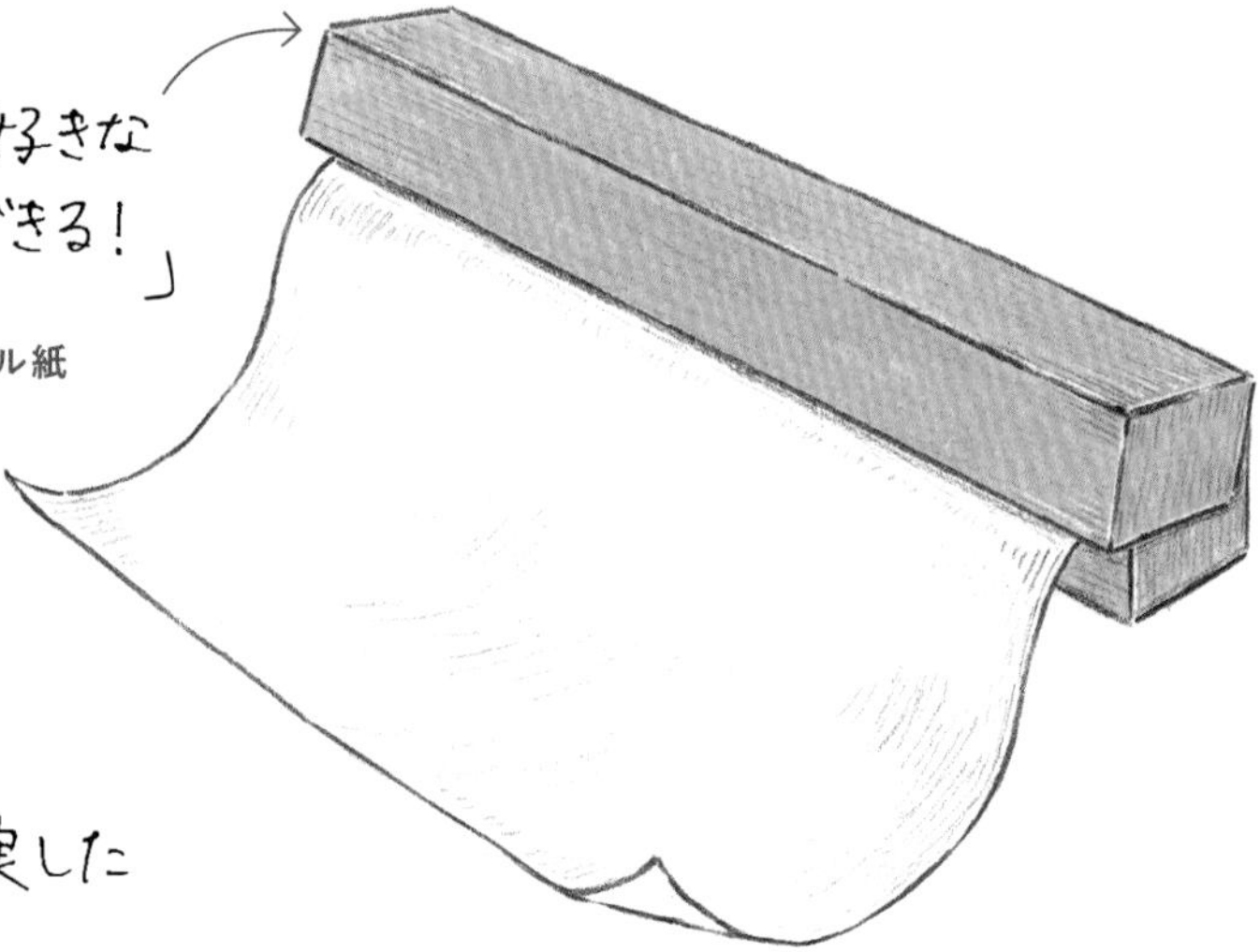
「25mで好きな
長さにできる！」

おえかきロール紙

「中間色が充実した
27色セット」

おりがみ

つくる楽しさを応援する

私は子どもの頃から、何かにつけて絵を描く癖があり、それをまねて子どもたちも自然にお絵描きが好きになっていきました。とくに長女は創作意欲が強く、いつでもすぐにつくれるよう、道具や材料を一等地に収納しています。

そんな彼女が目を輝かせて喜んだのが、**おえかきロール紙**［P123］。長さが25mもあり、好きな絵を思いっきり

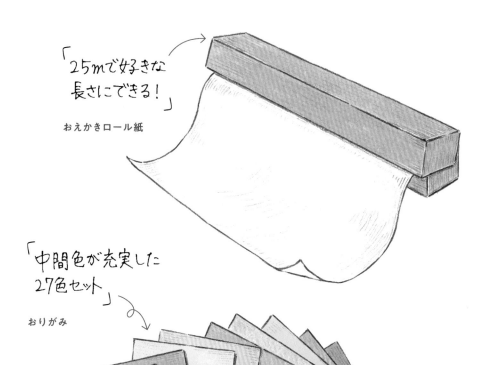

ハミ出し心配無用。発想がダイナミックに

ロール紙を広げれば、テーブルがたちまちキャンバスに。枠に収めようとしないので、構図やモチーフが大胆になり、新たな発見も。

豊富なカラーバリエで、自然と色彩感覚を育める

たとえば緑はうぐいすやエメラルドグリーンなどがあり、微妙な色の違いを楽しめます。80枚で90円というコスパのよさも魅力。

描き放題。弟と一緒にコラボするのも楽しいよう。描き終わったら、くるくると巻いてケースにしまい、続きを描くこともできます。

ＹｏｕＴｕｂｅの折り紙チャンネルも好きで、最近では折り紙を工作の材料にしています。切り貼りしてお寿司をつくったり、イラストを描き加えたり。**おりがみ**［Ｐ１２３］は定番色からニュアンスカラーまでそろい、食べ物や動物など何でもつくれそう。発色や質感もよく、きれいに仕上がります。

子どもには、自分の手で表現することを大事にしてほしい。そのための道具や材料はちょっとこだわっています。

月1おうち美容室を開店！

月1ペースで通っていた美容院も、2020年春の外出自粛中は髪が伸び放題……。ならば家でカットしよう！　と、私がにわか美容師を買って出ました。

髪用カットはさみ［P124］は、長女が生後10か月の頃に購入したもの。生まれたときから髪の毛が多く、あせもやかぶれなどが心配で、1歳になるのを待たず、前髪をカットしていたのです。

このはさみは小さめサイズで、初心者でも扱いやすいです。もう7年も使っていますが、切れ味はバツグン。ちょっと失敗したかな？　と思っても、**髪用すきはさみ**［P124］を使えば、うまくなじみます。指かけのあるほうに中指を入れると安定感がアップし、刃先が丸いので子どもの髪をカットするときも安心です。

もしまた外出自粛になっても、この2つがあればきれいサッパリ。気持ちよく過ごせそうです。

髪を湿らせる**ポリボトル・スプレー付・小**［P125］は、細かい霧で、広範囲に行き渡ります。**EVAケース・ファスナー付**［P116］A5サイズに、はさみとバリカン、A4サイズに散髪ケープを。

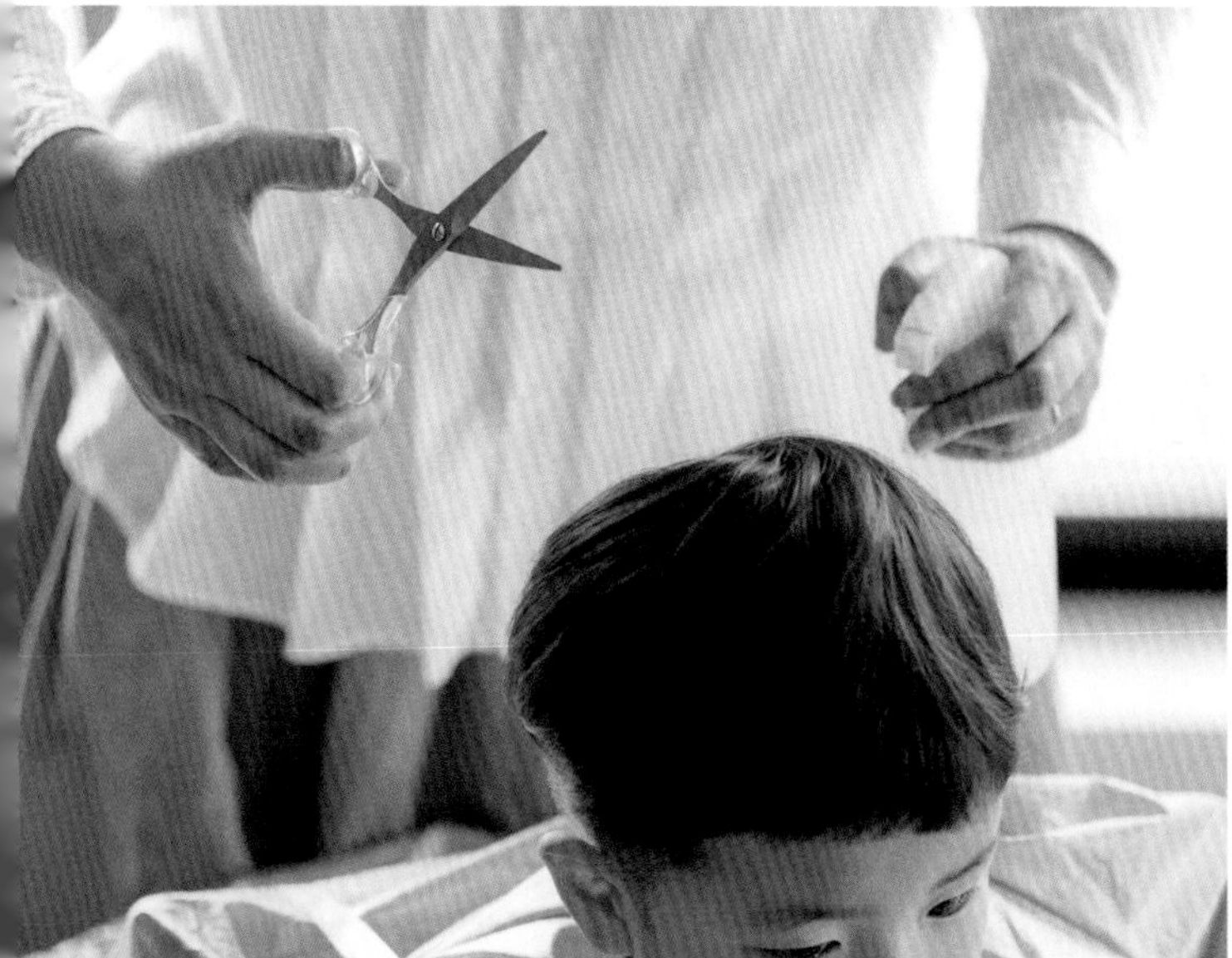

子ども服は「男女どちらでも」なデザインを

Tシャツは、他にライトシルバーグレーやライトイエローなどカラーバリエが豊富。首元は伸縮性があり、頭を入れやすい。

子ども服の数は少ないですが、足りなくて困ったことはありません。逆に、多いと全容を把握しにくく、洗濯、収納、身支度のすべてが煩雑に。何より子どもが自分で選ぶのを面倒くさがります。

男の子と女の子がいるので、お下がりになったときに両方が着られる服だとおトクに感じます。たとえば**らくらく動けるデニムテーパードパンツ（キッズ）**［P122］。デニム地は男女を選ばず、テーパード型はどちらもきれいにはけます。ウエストもゴムで、サイズや体形が違ってもストレスがありません。また、**インド綿天竺編み　ボーダー半袖Tシャツ（キッズ）**［P122］はトレンドに左右されないので、いつ着てもOK。ネイビーは男女を問わず着られます。

無印良品の子ども服は本当にシンプル。キャラクターや余計な装飾がついていない服は貴重で、頼りにしています。

子どもまわりの小さな習慣

いざというときの備えを万全に

外出先での汗や汚れなどに備え、長男と二男の着替え一式をおむつポーチに収納。口がガバッと開くので、ものを見つけやすく、出し入れがスムーズ。自立するため、片手で出し入れできるのも助かっています。

睡眠中の嘔吐《おうと》対策には、ベッド下にフタつきのバケツをしのばせて。高さが低めで、蛇口下に収まるため、洗うのもラクです。

ポリエステル・おむつポーチ［P122］、ポリプロピレンバケツ・フタ付（7・5L）［P117］

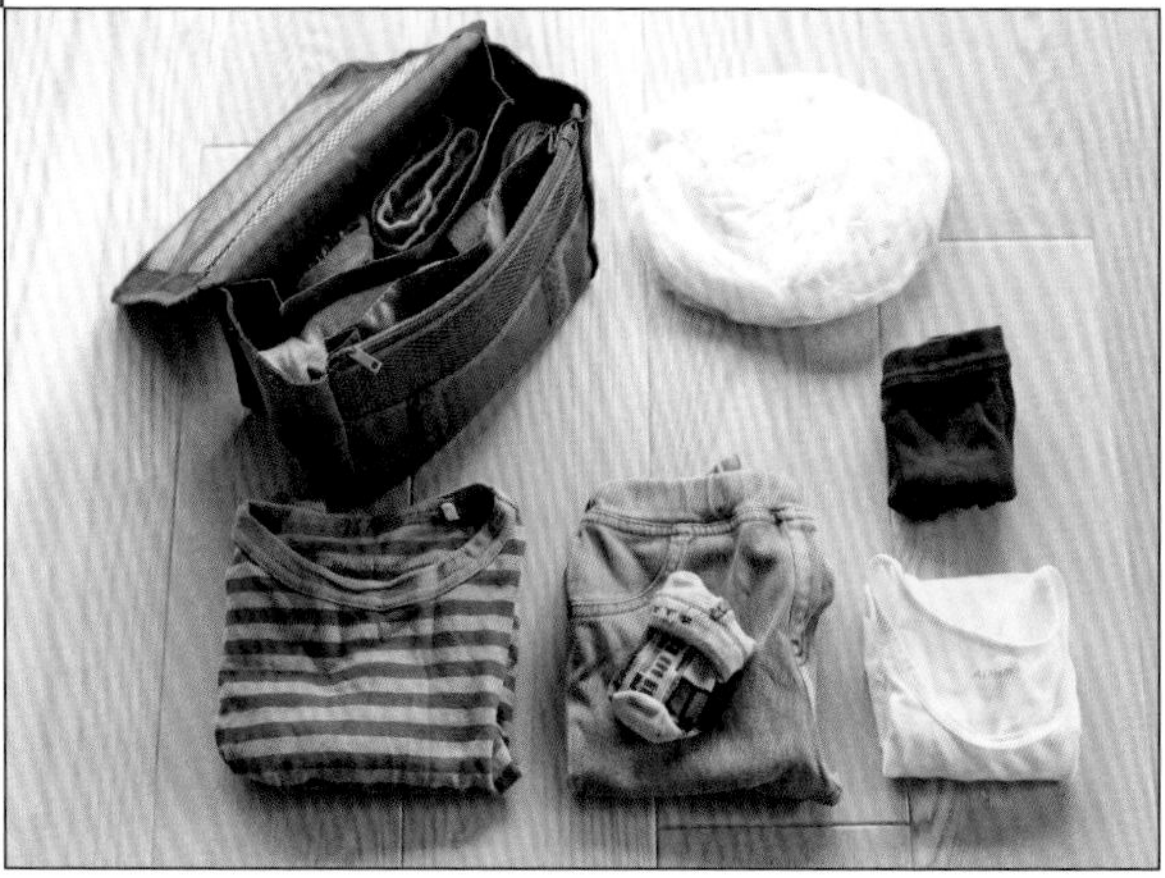

アルバム整理に追われない

学校や保育園のイベント写真はあっという間にたまるもの。すぐに収納できるよう、差し込み式のアルバムを使っています。人別にも分けず、時系列で差し込み、背表紙にナンバリング。シンプルな見た目もよく、棚にすっきりと収まります。

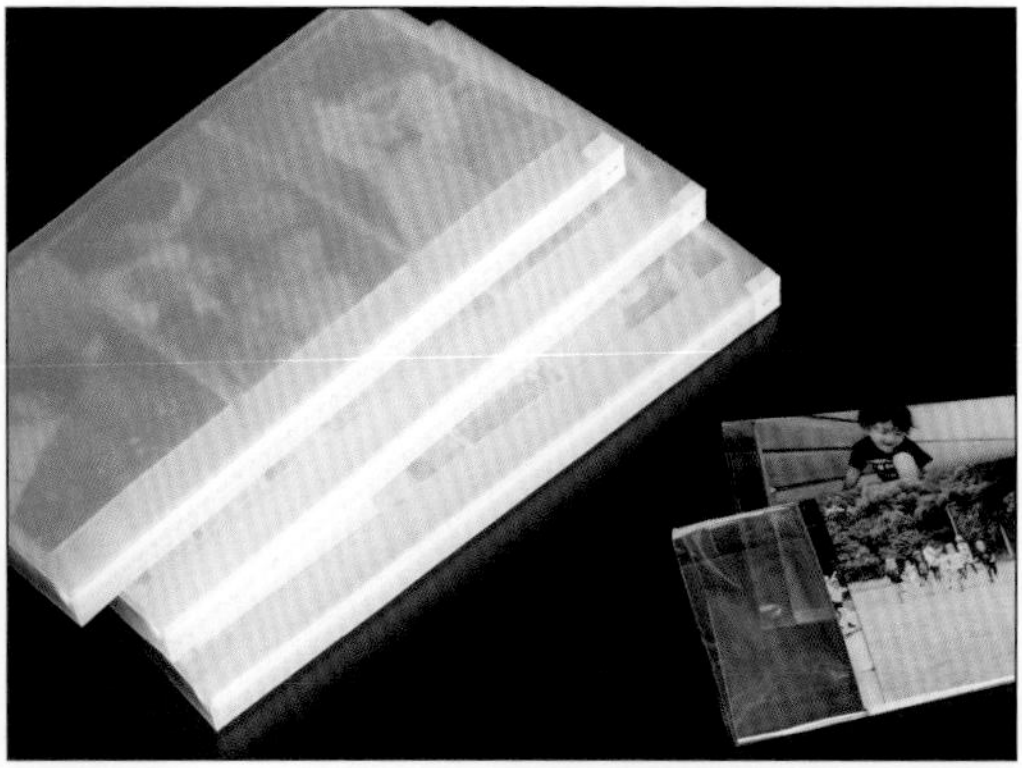

ポリプロピレン高透明フィルムアルバム・3段［P123］

自立をあと押しする

お弁当袋は紐を引っ張ると持ち手が垂れ下がり、パッと手に取れるすぐれもの。フタが外れない一体型のおしぼりケースや、長さを調節できるカトラリーケースなど、お弁当を食べる準備やあと片づけは、子どもがひとりでできるものを選んでいます。

綿シャンブレー・お弁当袋、ランチおしぼりセット、長さが変えられるカトラリーケース［P122］

自分で出し入れできる靴収納に

下駄箱は手前と奥にスペースを分けて、手前によく履く靴を。手に取りやすいので、子どもが自分で出し入れできます。奥はサンダルなど季節やシーンが限られる靴を。前の靴をどかさずにすむよう、コの字の棚で高さを上げ、出し入れしやすくしています。

アクリル仕切棚・小［P115］

思い出を整理する

子どもの絵や工作は、定期的に家族で相談し、残すものをボックスに収納。中は不織布ケースで仕切り、人別に分けています。柔らかい不織布は立体物の収まりがよく、量の調整も可能。ボックスは大人が座ってもつぶれない強度で、思い出をしっかり守ってくれます。

ポリプロピレン頑丈収納ボックス・大、高さが変えられる不織布仕切ケース・中・2枚入り［P114］

Column

透明ケースのいろいろづかい

ボードやサイコロの紛失防止

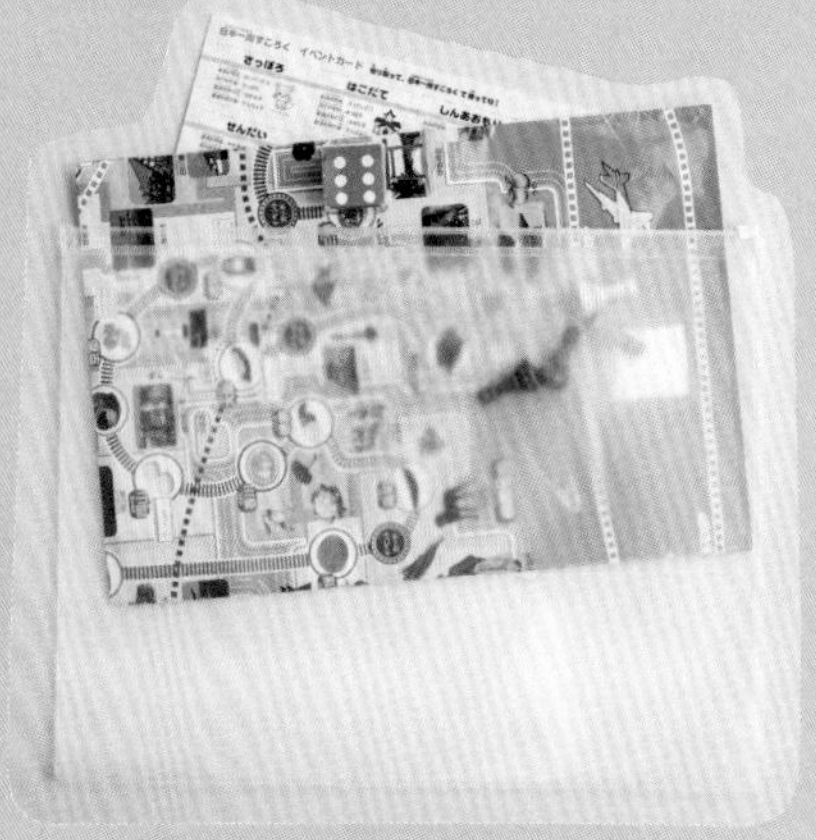

すごろくで使うサイコロやコマは、バラバラして紛失しやすいもの。ボードも入る**EVAケース・ファスナー付**（A4）［P116］にまとめて、立てて収納します。

クーポンやカードを無駄にしない

EVAケース・ファスナー付（B7）［P116］に、お店のクーポン券やスタンプカードをひとまとめに。出がけに慌てて探さずにすみ、パッと持ち出せます。

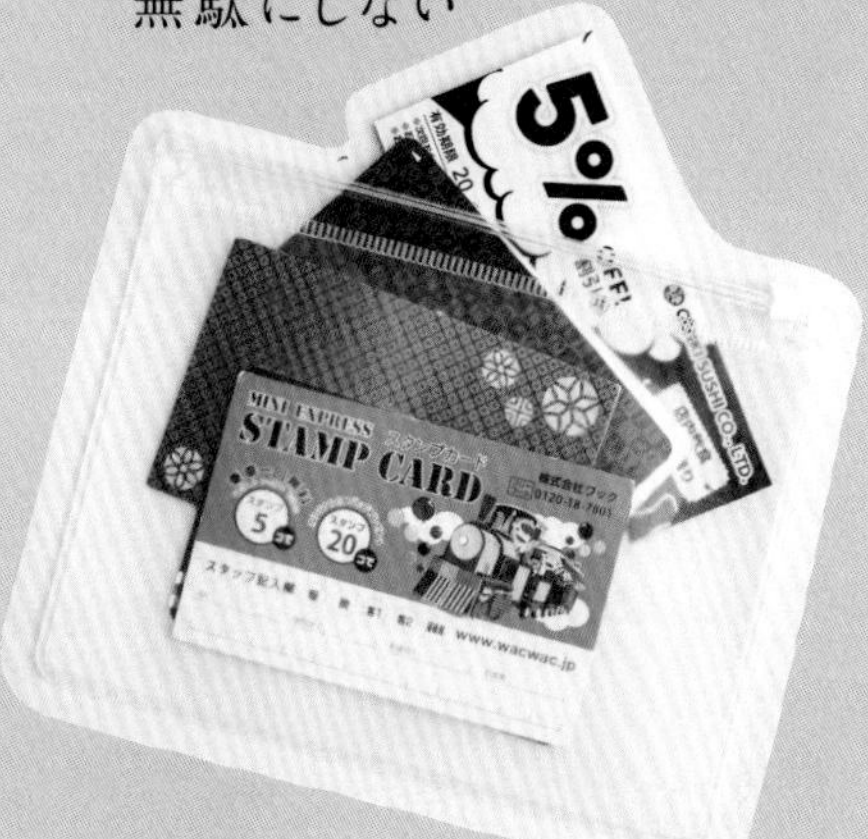

絆創膏の補充がラクチン

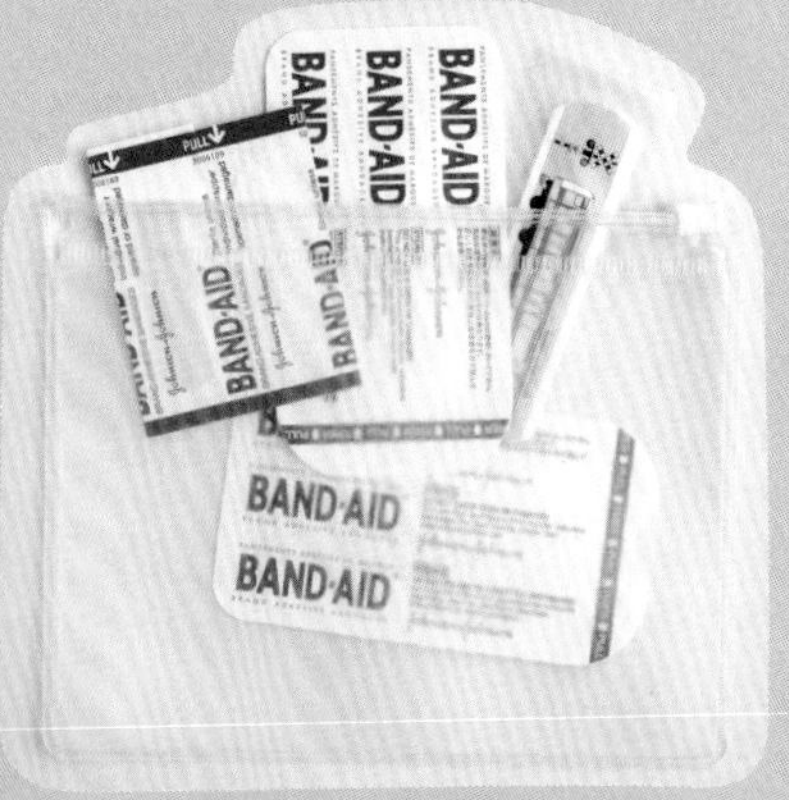

絆創膏はいろんな柄やサイズを持ち歩くため、足りないものがひと目でわかるよう、透明の**EVAケース・ファスナー付**（B7）［P116］に。薄いのでバッグの中でかさばりません。

注文待ちや時間つぶしにお絵描きセット

外食時はペンと自由帳を入れた**EVAケース・ファスナー付**（B6）［P116］を携帯。お店の順番待ちや料理が届くまでの時間が、楽しいお絵描きタイムに。

いたわる

歯磨き、スキンケア、睡眠……。心身のもやもやを感じたとき、何となくやっていたことを丁寧にしたり、今までやらなかったことをはじめたりしました。

続けるうちに少しずつ変化が表れ、気づくともやもやはどこかへ。自分を大切にしています。

新しい一日を気持ちよくはじめる

毎朝、子どもたちの歯磨きを手伝ったあと、自分の身支度にとりかかります。たいていは歯磨き、洗顔、メイク、ヘアセットを一気にすませるのですが、歯をしっかり磨きたい日は、電動歯ブラシを使います。

外出自粛期間中は、医者にかかることがためらわれ、歯の健康をより意識しました。虫歯や歯周病にならないよう、家でケアできれば……。そんな気持ちから**音波電動歯ブラシ（歯ブラシ別売）**「P125」を活用するように。無印良品の音波電動歯ブラシ対応の**歯ブラシ**「P125」が使えるので、買い替えもリーズナブルです。

歯に沿わせていれば歯ブラシがツルツルにしてくれるので、ちょっと考え事をしながらでも大丈夫。「今日は忙しくなるな」「次の仕事はどんなふうだろう？」など、一日をはじめるいいスイッチになっています。

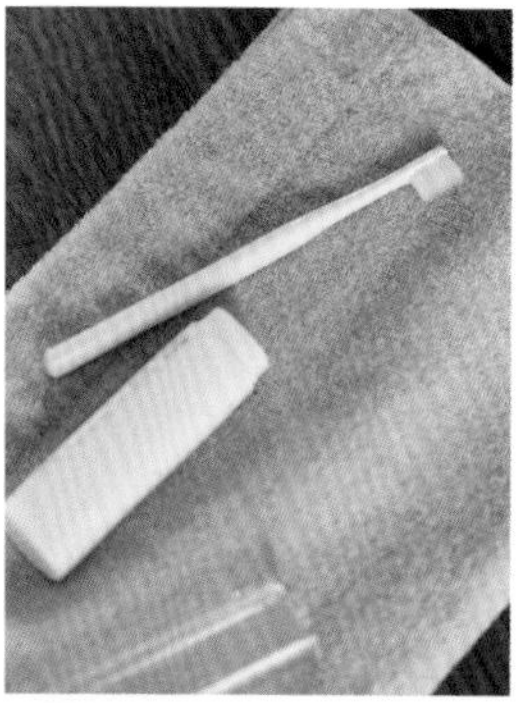

音波電動歯ブラシ対応の歯ブラシを本体に差し込むだけ。見た目もシンプルで、「いかにも」という感じがないのもお気に入り。携帯に便利なキャップもついています。

朝晩2回のヘアケアを欠かさない

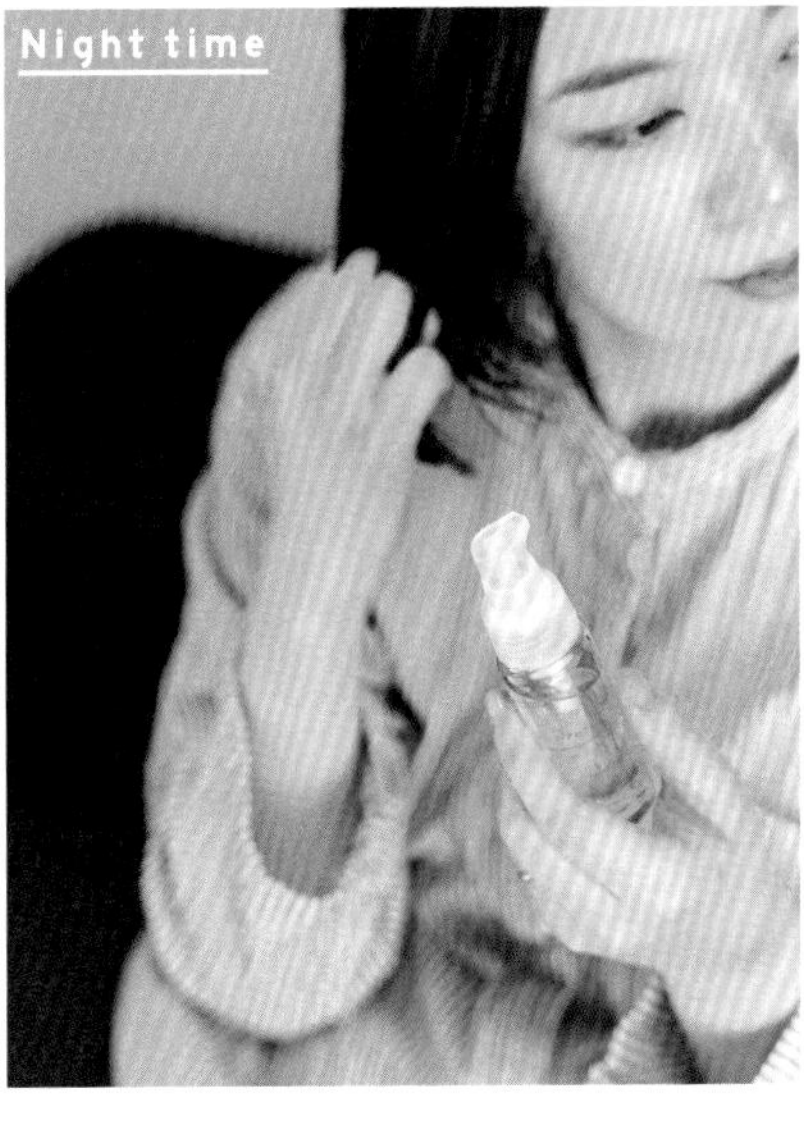

美容院通いが難しくなったある日、ふと鏡を見て「髪でこんなに印象が変わるんだ……」と落胆。髪は人に与える印象を左右します。

私は産後の抜け毛にずっと悩まされてきました。パサつきも気になり、ツヤを求めて入浴後に**ヘアセラム**［P124］を塗布。柑橘系の爽やかな香りはつけている最中から幸せで、気分よく眠りにつけます。

また、朝晩のブラッシングも念入りに行うようになりました。**ブナ材ヘアブラシ**［P124］はミックス毛のタイプを愛用。2種類のナイロン毛で、しっかり髪がとかせます。柄も握りやすく、見た目より軽く感じます。

髪がきれいだと「きちんと整っている」感じが出て、気持ちまで晴れやか。オンライン会議などにも、自信をもってのぞめます。

写真左はブラシの間をスーッと通すだけで、髪の毛がきれいに取れる**ブナ材お手入れブラシヘアブラシ用**[P124]。

いたわる

毎日のお手入れで、ファンデーションに頼らない

もう10年以上、ベースメイクは日焼け止め兼下地クリームの上に、フェイスパウダーを軽くはたく程度。そのぶん、ひとたび肌が荒れると目立ちやすく、スキンケアにはこだわっています。

　直接肌に塗るものなので、品質はもちろん、値段を気にせずジャブジャブ使いたい……。そんな希望をかなえてくれるのは、**泡洗顔フォー**

泡洗顔フォーム・敏感肌用

化粧水・敏感肌用・
高保湿タイプ（大容量）

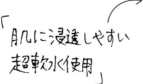

ム・敏感肌用と**化粧水・敏感肌用・高保湿タイプ（大容量）**［P123］。

　洗顔フォームは、押すだけでホイップ状の泡が出て、時間のない朝でもパパッと使えます。アルコールやパラベンフリーのため、敏感肌でも安心。天然保湿成分入りで、洗い上がりはつっぱらず、肌がモチモチします。

　化粧水は、岩盤から湧き出るきめ細やかで、ミネラル分の少ない超軟水が使用されていて、肌にスーッと浸透していくのを感じます。保湿効果も高く、肌がしっとり。コスパもよく、たっぷり使えます。

　いずれも使うのは朝。メイクの前に、土台となる肌をしっかり整えます。

時間のない朝も、洗うだけでもち肌に

柔らかい泡で肌を包み込み、毛穴の奥の汚れを掻き出してくれます。リフィルもあり、容器を繰り返し使えてエコ。

ポンプヘッドをつけて、片手でパシャパシャ

化粧水はフタを外し、**ポンプヘッド**［P123］を装着。ボトルを持ち上げる手間がいらず、上から押すだけで素早く手に取れます。

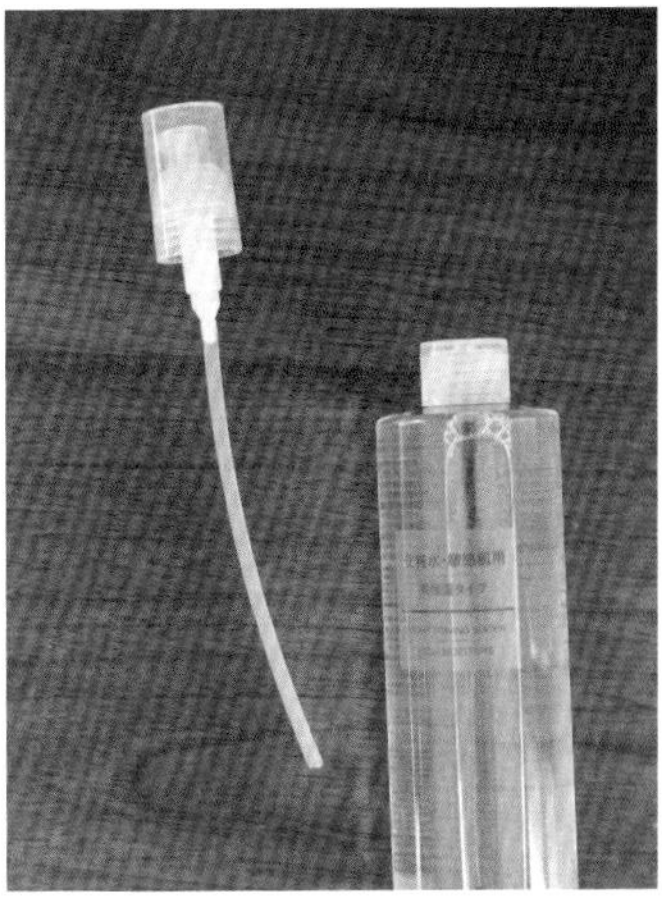

週2回は保湿パック

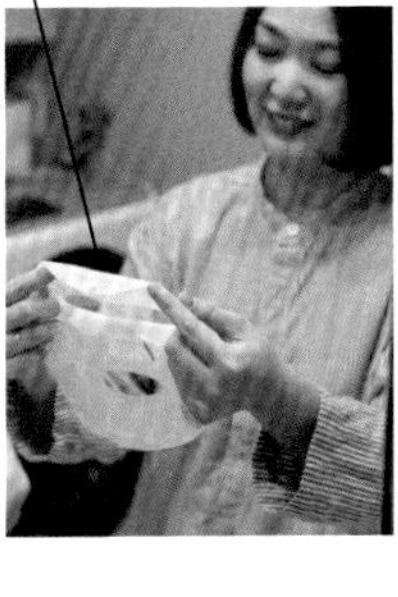

ひとり風呂の日は、**保湿シートマスク（大容量）**［P123］でパックを。保湿液がたっぷり染み込んだシートで、肌がぷるぷるに。

週1回、パーソナルトレーニングを受ける

自宅にこもる日が続き、心身の停滞感を覚えやすくなりました。産後に患った腰痛も再発し、筋力をつけよう！　とパーソナルトレーニングをはじめました。

その際のトレーニングウェアとして、**吸汗速乾UVカット半袖Tシャツ**と**吸汗速乾縦横ストレッチテーパードパンツ**［P121］を購入。適度なストレッチ性は体を動かしやすく、汗をかいても肌に張りつく不快感がありません。

また、体や食事に意識が向くようになり、毎朝**ヘルスメーター**［P118］に乗るように。これは電源を入れる必要がなく、乗るだけで計測ができます。食事面ではタンパク質の摂取を心がけ、**大豆ミート　ミートボール**［P119］をサラダに加えて食べることも。

運動をはじめて約8か月。不調の原因をつきとめやすくなり、もやもやが解消。継続できた喜びもあり、心身が軽やかになりました。

運動、食事、体重管理。やることは増えましたが、新たなチャレンジが頑張ることの大切さを思い起こしてくれました。右下のヘルスメーターは、体重を量るだけの単機能。そのぶん、軽くて収納時の出し入れがスムーズ。脱衣所のじゃま物になりません。

肌に触れるものは心地よさを優先

もともと金属アレルギーがあるなど、肌触りには敏感。クルタもレギンスも柔らかなコットンで、皮膚への刺激が少ないことも選んだ理由です。レギンスは適度な密着感で心地よいです。

写真の**インド綿　二重ガーゼクルタ**［P121］は最近の買い物のひとつ。ステイホームで長時間身に着けるものはより快適さを好むようになり、パジャマワンピースを試してみました。

わが家は入浴時間が早く、睡眠時間も含めると一日の半分以上をパジャマで過ごします。このクルタは肌触りがよく、優しい着心地でリラックスできます。ゆったりとして締めつけがないのに、就寝中にめくり上がらず、冬でも安心。

ストレッチ天竺編み　十分丈レギンス［P121］は長年愛用しているもので、深い股上は腹部を優しく包み、くるぶしまで暖かい。ちょうどいい厚みで、一年通して着用できます。

クルタとレギンスの相性もよく、この格好に上着を羽織って子どもの見送りやごみ出しに。ふだん着感覚で使えるのも、魅力のひとつです。

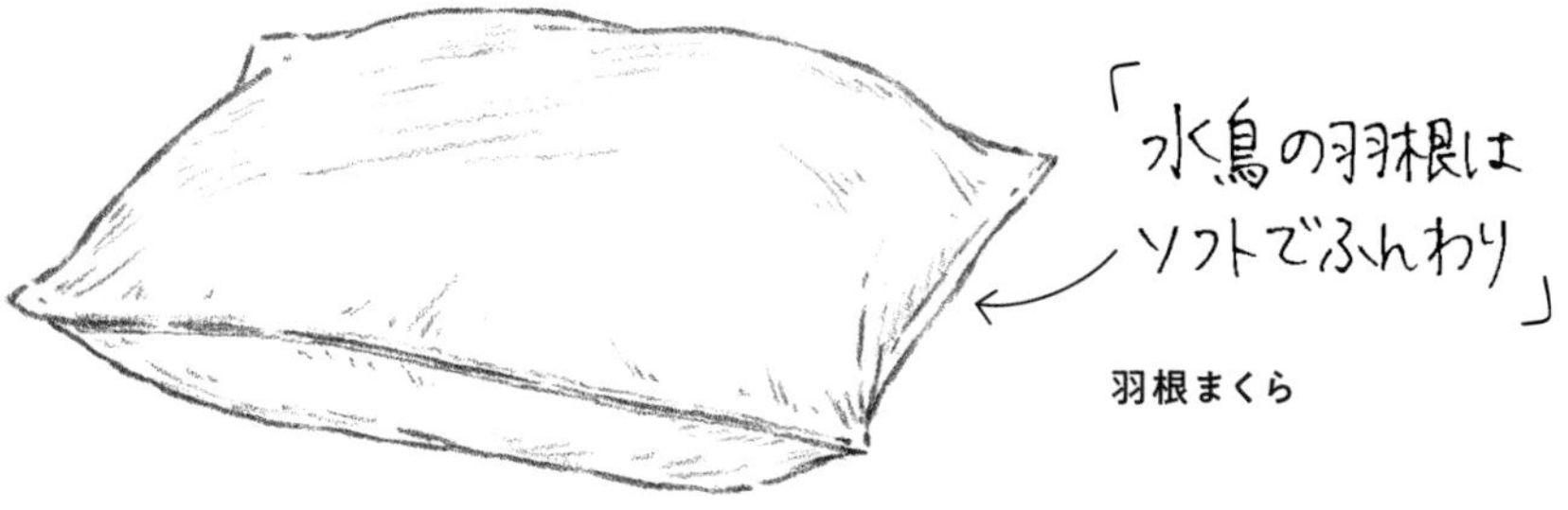
「水鳥の羽根は
ソフトでふんわり」

羽根まくら

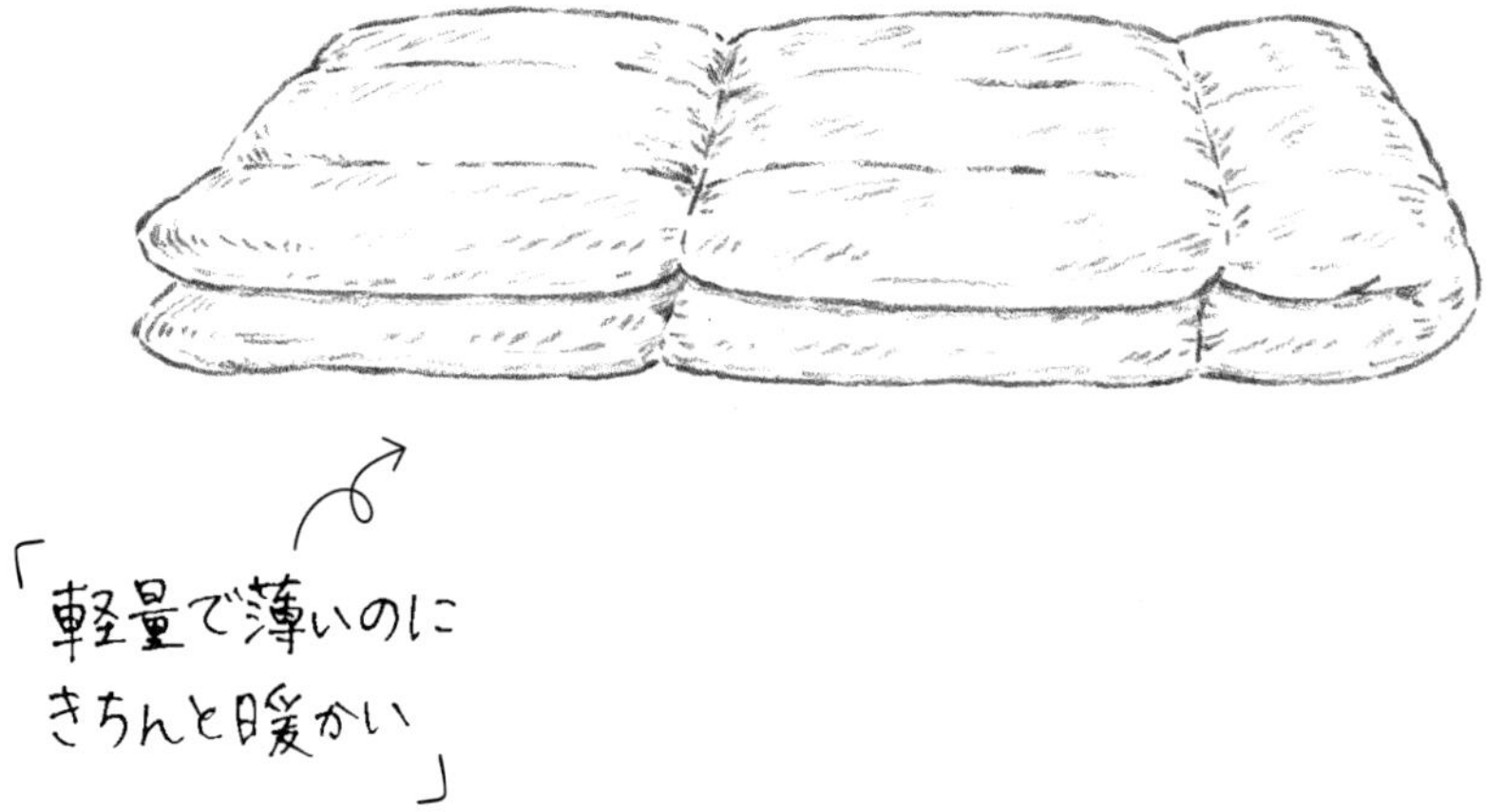
「軽量で薄いのに
きちんと暖かい」

グレー羽毛薄掛ふとん／S

より深く眠るための部屋づくり

わが家の寝室は「寝るためだけ」の部屋。置いてあるのはベッドと加湿器で、とにかく、睡眠に集中できるようにしています。

睡眠の鍵を握る布団は、家族で暑さ・寒さの感じ方が異なり、好みが分かれます。いろいろ試した結果、**グレー羽毛薄掛ふとん／S**［P117］が万能に使えて大活躍。薄いのに保温力があり、布団カバ

頭を優しく包み込んでくれて、寝つきが抜群

ふわふわと心地よく、頭と首を優しくホールドしてくれ、安心して眠れます。頭をのせるとゆっくり沈むので、低い枕を好む人向き。

暑がりと寒がり。家族の快適を維持する調整役

適度な保温力で組み合わせが自在。夏は冷房対策、秋〜春は綿毛布と一緒に。**麻平織掛ふとんカバー・S／生成**［P117］は通年使用。

ーをつけると空気の層が生まれて暖かく、他の寝具と組み合わせれば、秋から春にかけて使えます。側生地も薄手のポリエステルで、軽くてふわっとします。

枕は、家族全員が好む柔らかい**羽根まくら**［P117］を。水鳥の羽根はふんわりとし、頭全体を優しく包み込み、心地よく眠りにつけます。無印良品には高さや硬さの違う枕がそろっているので、好みに合うものが見つかります。

外出自粛で一日中家にいる日は、いつもより早くベッドに入るようになり、睡眠時間も長くなりました。家族の好みに合うものを妥協せずに探してよかった！　と実感しています。

遮光カーテンで、朝の「あと5分」を確保する

カーテン越しの光で目が覚めてしまわないよう、遮光カーテンに。レースは西日対策で「熱を通しにくい」タイプを選んでいます。いずれも無印良品でオーダー。

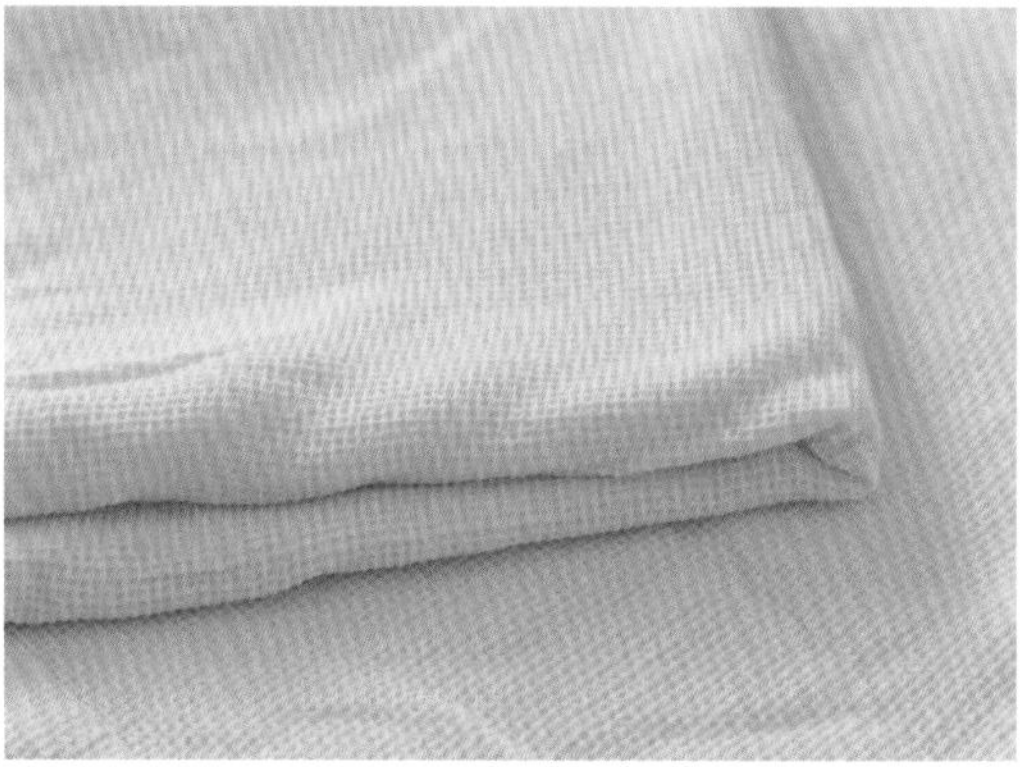

夏の汗対策に、さらっとしたワッフルケット

汗っかきの夫が夏に使用する**綿ワッフルケット・S／オフ白**［P117］。凸凹した生地は肌に触れる面積が少なく、汗をかいてもサラサラ。優しい風合いで、気持ちよく眠れます。

加湿器にアロマを垂らし、喉の乾燥を防ぐ

空気が乾燥する季節は、就寝前に加湿器のスイッチをオン。**エッセンシャルオイル　ペパーミント**［P124］を垂らせば、喉がすっきりとして、翌朝の調子が違います。

寝室にナイトテーブルやライト、絵本は持ち込みません。良質な睡眠を求め、布団や枕、カバーなどを吟味し、寝室環境を整えます。

愛用品全182点をご紹介!

新しい習慣をつくる 無印良品アイテム

家事や収納はもちろん、食事、睡眠、美容、ファッション、リラクゼーション、防災まで。

わが家の暮らしを支えてくれる無印良品（一部IDÉE）アイテムを集めました。

＊写真説明は順に、商品名、サイズ・容量、消費税込み価格、掲載ページです。
＊写真の縮尺率は実物とは異なります。
＊規格、消費税込み価格は取材時のもので、変更になる可能性があります。

収納用品

ポリプロピレンスタンドファイルボックス・ワイド・A4用
幅15×奥行27.6×高さ31.8㎝　¥690／P87,95

ポリプロピレンスタンドファイルボックス・A4用
幅10×奥行27.6×高さ31.8㎝ ¥490／P77,79,87,95

ポリプロピレンファイルボックス・スタンダードタイプ・ワイド・½
幅15×奥行32×高さ12㎝
¥490／P9,23,56-57,65

ポリプロピレンファイルボックス・スタンダードタイプ・A4用
幅10×奥行32×高さ24㎝
¥490／P67

ポリプロピレンシート仕切りボックス・3枚組
幅15㎝用　¥99／P64-65

ポリプロピレンファイルボックス用・仕切付ポケット
幅9×奥行4×高さ5㎝　¥150／P67

ポリプロピレンファイルボックス用・ポケット
幅9×奥行4×高さ10㎝
¥190／P67

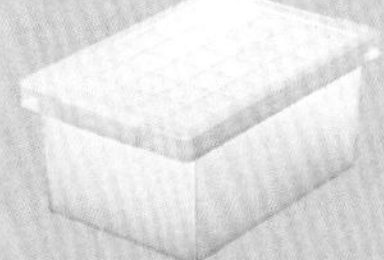

ポリプロピレンキャリーボックス・ロック付・小

幅25.5×奥行37×高さ16.5cm
¥890／P87

ポリプロピレンケース引出式・横ワイド・薄型

幅37×奥行26×高さ9cm
¥890／P78-79

ポリプロピレン収納ケース・引出式・横ワイド・小

幅55×奥行44.5×高さ18cm
¥1,490／P58-59,61

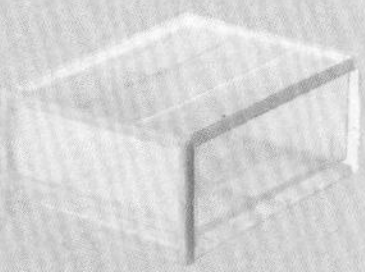

ポリプロピレン収納ケース・引出式・小

幅34×奥行44.5×高さ18cm
¥990／P58-59

ポリプロピレン小物収納ボックス6段・A4タテ

幅11×奥行24.5×高さ32cm
¥2,490／P74-75,77

縦にも横にも連結できるポリプロピレン平台車

幅27.5×奥行41×高さ7.5cm
¥1,990／P78-79

ポリプロピレン頑丈収納ボックス・大

幅60.5×奥行39×高さ37cm
¥1,790／P101

高さが変えられる不織布仕切ケース・中・2枚入り

幅15×奥行32.5×高さ21cm
¥790／P101

ポリプロピレンデスク内整理トレー4

幅13.4×奥行20×高さ4cm
¥190／P66,76,77,93

ポリプロピレンデスク内整理トレー3

幅6.7×奥行20×高さ4cm
¥150／P93

ポリプロピレンデスク内整理トレー2

幅10×奥行20×高さ4cm
¥190／P77,92,93

ポリプロピレンメイクボックス

幅15×奥行22×高さ16.9cm
¥350／P24-25

ポリプロピレンコットン・綿棒ケース

幅10.7×奥行7.2×高さ7.7cm
¥120／P82,87,92

ポリプロピレンメイクボックス・¼横ハーフ

幅15×奥行11×高さ4.5cm
¥120／P39

ポリプロピレンメイクボックス・½横ハーフ

幅15×奥行11×高さ8.6cm
¥190／P27,56-57,64-65,70

ポリプロピレンメイクボックス・½

幅15×奥行22×高さ8.6cm
¥250／P27,82

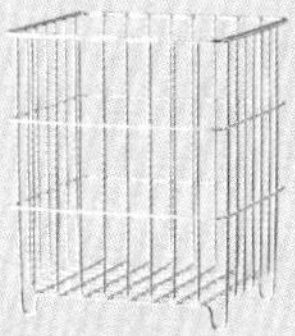

ステンレスワイヤーラック・15cm幅

幅15×奥行13×高さ18cm
¥1,490／P44

ポリプロピレン整理ボックス4

幅11.5×奥行34×高さ5cm
¥150／P24-25,26,28-29,89

ポリプロピレン整理ボックス3

幅17×奥行25.5×高さ5cm
¥190／P26,87

ポリプロピレン整理ボックス2

幅8.5×奥行25.5×高さ5cm
¥150／P87

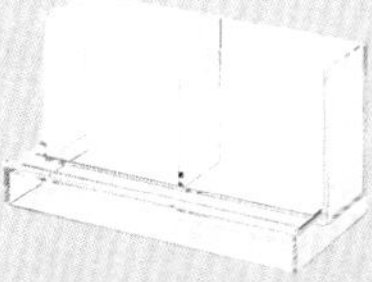

アクリルスマホ小物スタンド・大

幅16.8×奥行8.4×高さ9cm
¥990／P62-63

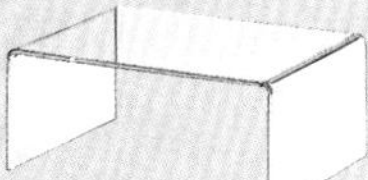

アクリル仕切棚・小

幅26×奥行17.5×高さ10cm
¥590／P12,28-29,101

アクリル仕切りスタンド3仕切り

幅26.8×奥行21×高さ16cm
¥1,490／P21,61,90-91

アクリル仕切りスタンド3仕切り

幅13.3×奥行21×高さ16cm
¥1,190／P21

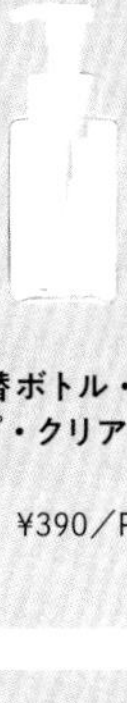

PET詰替ボトル・泡タイプ・クリア

400mℓ用　¥390／P43

PET詰替ボトル・クリア

400mℓ用　¥250／P43

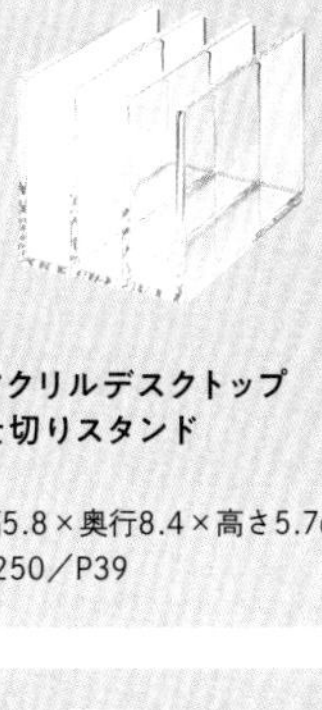

アクリルデスクトップ仕切りスタンド

幅5.8×奥行8.4×高さ5.7cm
¥250／P39

アクリル小物ラック

幅8.8×奥行13×高さ14.3cm
¥1,190／P62-63

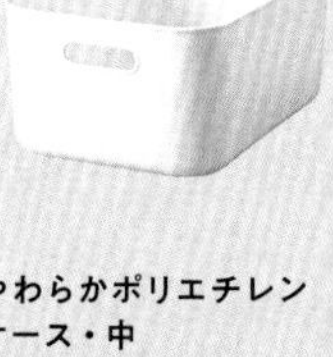

やわらかポリエチレンケース・中

幅25.5×奥行36×高さ16cm
¥790／P43

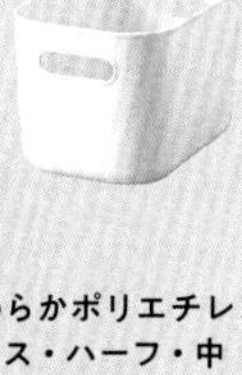

やわらかポリエチレンケース・ハーフ・中

幅18×奥行25.5×高さ16cm
¥690／P7,13,84-85

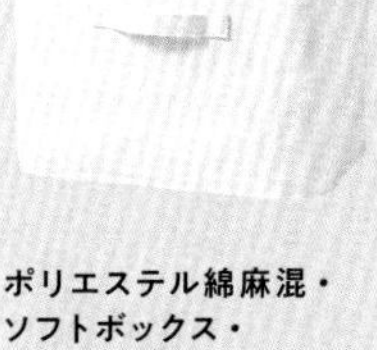

ポリエステル綿麻混・ソフトボックス・長方形・中

幅37×奥行26×高さ26cm
¥890／P13,84-85,86,89

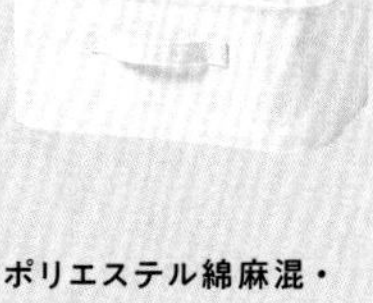

ポリエステル綿麻混・ソフトボックス・長方形・小

幅37×奥行26×高さ16cm
¥690／P35,89

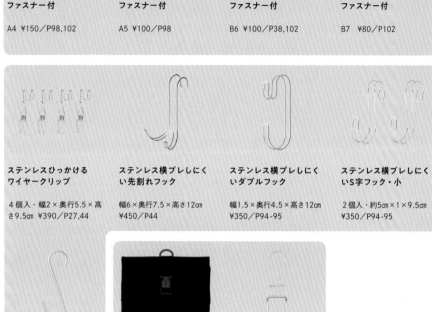

EVAケース・ファスナー付

A4 ¥150／P98,102

EVAケース・ファスナー付

A5 ¥100／P98

EVAケース・ファスナー付

B6 ¥100／P38,102

EVAケース・ファスナー付

B7　¥80／P102

ステンレスひっかけるワイヤークリップ

４個入・幅2×奥行5.5×高さ9.5cm ¥390／P27,44

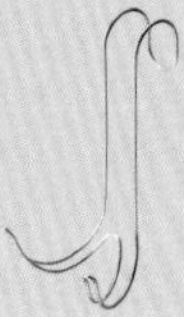

ステンレス横ブレしにくい先割れフック

幅6×奥行7.5×高さ12cm ¥450／P44

ステンレス横ブレしにくいダブルフック

幅1.5×奥行4.5×高さ12cm ¥350／P94-95

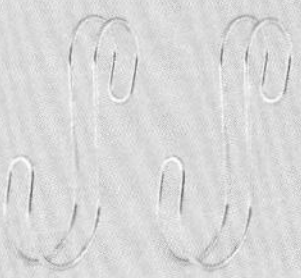

ステンレス横ブレしにくいS字フック・小

２個入・約5cm×1×9.5cm ¥350／P94-95

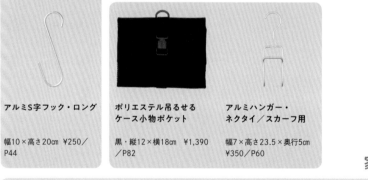

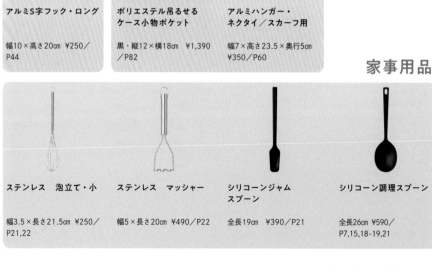

アルミS字フック・ロング

幅10×高さ20cm ¥250／P44

ポリエステル吊るせるケース小物ポケット

黒・縦12×横18cm　¥1,390／P82

アルミハンガー・ネクタイ／スカーフ用

幅7×高さ23.5×奥行5cm ¥350／P60

家事用品

ステンレス　泡立て・小

幅3.5×長さ21.5cm ¥250／P21,22

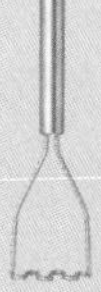

ステンレス　マッシャー

幅5×長さ20cm ¥490／P22

シリコーンジャムスプーン

全長19cm　¥390／P21

シリコーン調理スプーン

全長26cm ¥590／P7,15,18-19,21

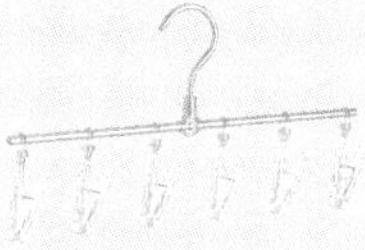

アルミ直線ハンガー

幅35cm・6ピンチ ¥490／P35

アルミ洗濯用ハンガー・3本組

幅42cm ¥250／P7,12,14,34-35,60

卓上ほうき（ちりとり付き）

幅16×奥行4×高さ17cm ¥390／P7,32-33

隅まで洗えるボトル用ブラシ

小 ¥250／P42

くつクリーム・クロス付

内容量45mℓ・無色 ¥450／P43

ブナ材くつみがきブラシ

豚毛・約幅5×長さ12cm ¥450／P43

ポリプロピレンバケツ・フタ付（7.5L）

幅31×奥行29×高さ20cm ¥490／P100

寝具・タオル

綿三重ガーゼまくらカバー／グレー

縦43×横63cm用 ¥990／P68

羽根まくら

縦43×横63cm ¥1,190／P68,110-111

麻平織掛ふとんカバー・S／生成

縦150×横210cm用 ¥5,990／P111

グレー羽毛薄掛ふとん／S

縦150×横210cm ¥9,990／P110-111

綿パイルフェイスタオル・薄手／ネイビー

幅34×長さ85cm ¥290／P36

綿パイルフェイスタオル・薄手／ライトグレー

幅34×長さ85cm ¥290／P36

綿パイルフェイスタオル・薄手／オフ白

幅34×長さ85cm ¥290／P36

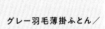

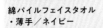

綿ワッフルケット・S／オフ白

縦140×横200cm ¥4,990／P112

柚木沙弥郎デザイン IDÉE Daily Cloth (IDÉE)

幅35×長さ90cm、ライングリーン&ブルー　¥1,980／P42

綿ワッフルフェイスタオル・薄手

幅34×長さ85cm ¥590／P7,36

家具・家電

パイン材ユニットシェルフ用クロスバーL

幅86cmタイプ用 ¥990／P88-89,95

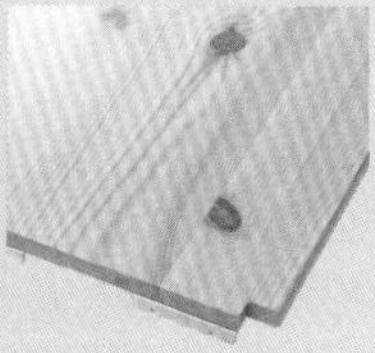

パイン材ユニットシェルフ・棚板・86cm幅用

幅86×奥行39.5cmタイプ ¥2,490／P88-89,95

パイン材ユニットシェルフ・帆立・中

高さ120×奥行39.5cm用 ¥2,990／P95

パイン材ユニットシェルフ・帆立・小

高さ83×奥行39.5cm用 ¥2,490／P88-89

スチールチェア・樹脂座（ダークグレー）

幅48×奥行50×高さ82（座面高46）cm ¥9,790／P7,79

パイン材ローテーブル・折りたたみ式

幅80×奥行50×高さ35cm ¥4,990／P16

手元をてらすリビングライト

幅7.5×奥行10.5×高さ27cm ¥8,890／P15,90-91

アナログ時計・大 ホワイト

直径264×奥行45mm ¥3,990／P73

ヘルスメーター

幅26.5×奥行20.8×高さ3.5cm ¥3,990／P108

食器・カトラリー

こども食器・磁器碗・中

直径11cm ¥450／P30

こども食器・磁器碗・小

直径9.5cm ¥350／P30

**ステンレスデザート
フォーク**

全長16cm　¥250／P52-53

**ステンレスデザート
スプーン**

全長16cm　¥250／P52-53

竹箸10膳入

全長23cm　¥450／P14,30

ブナ材テーブルスプーン

全長18cm ¥550／P14,46

アカシア　深皿

直径16×高さ3.5cm ¥990／P20

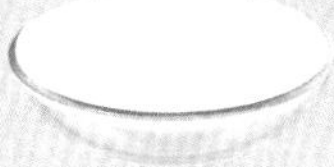

ガラス小鉢

直径15cm　¥290／P69

**美濃焼　蕎麦猪口
(Found MUJI)**

直径8.1×高さ6.5cm ¥590／P16,53

こども食器・コップ

140mℓ　¥250／P30

ステンレス保温保冷マグ

200mℓ　¥990／P42

**益子焼　蕎麦猪口
(Found MUJI)**

黒柚子肌 直径8.5×高さ6.5cm ¥990／P53

**萬古焼　蕎麦猪口
(Found MUJI)**

白釉 直径8×高さ6.5cm ¥990／P16,53

食品

**大豆ミート
ミートボール**

80g（1人前）¥290／P108

醤油からあげ

240g ¥350／P13

**五穀米ごはんの
鮭おにぎり**

400g（80g×5個）¥490／P7,13

ごはんにかける
胡麻味噌担々スープ

180g（1人前）¥290／P46

ごはんにかける
ユッケジャン

180g（1人前）¥290／P14,46

素材を生かした
辛くない　国産りんごと
野菜のカレー

180g（1人前）¥290／P41,51

素材を生かしたカレー
バターチキン

180g（1人前）¥350／P7,41,51

発酵ぬかどこ

1kg ¥890／P23

食べるスープ　揚げ茄子とほうれん草の味噌汁

4食　¥390／P7,41

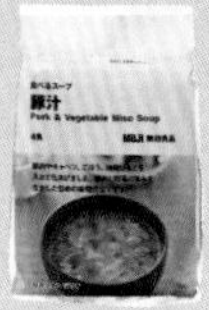

食べるスープ　豚汁

4食 ¥390／P41

食べるスープ　オクラ入りねばねば野菜のスープ

4食 ¥390／P41

量り売り
チョコがけ大豆

1g ¥4（20g以上）／P11

量り売り　いちごチョコマシュマロ

1g ¥4（20g以上）／P11

量り売り　ピスタチオとバニラのクッキー

1g ¥4（20g以上）／P11

量り売り　ココアとバニラのクッキー

1g ¥4（20g以上）／P11

カフェインレス
アールグレイ

20g（2g×10袋）¥390／P16

チョコバウム
ギフトボックス

1個 ¥790／P51

量り売り　トマトおかき

1g ¥4（20g以上）／P11

糖質10g以下のお菓子
ひとくちレモンマドレーヌ

5個 ¥150／P51

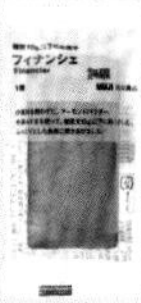

糖質10g以下のお菓子
フィナンシェ

1個　¥150／P51

糖質10g以下のお菓子
バナナバウム

1個 ¥120／P51

糖質10g以下のお菓子
チョコドーナツ

1個　¥120／P51

衣類

POOL　いろいろの服
アトリエコート　ホワイト
（IDÉE）
¥15,400／P14,37

POOL　いろいろの服
ギャザーエプロン
チャコール（IDÉE）
¥8,800／P14,37

洗いざらしオックススタンドカラーシャツ

白 ¥1,990／P14,37

ストレッチ天竺編み
十分丈レギンス

チャコールグレー　¥990／
P16,109

インド綿
二重ガーゼクルタ

ダークネイビー×ストライプ
¥3,990／P16,109

吸汗速乾UVカット半袖
Tシャツ

ダークネイビー　¥1,290／
P108

吸汗速乾縦横ストレッチ
テーパードパンツ

ネイビー　¥2,990／P108

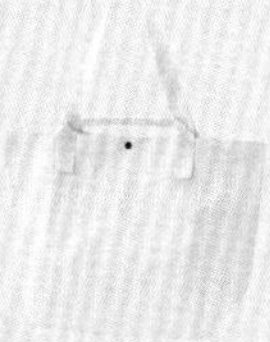

ポリエチレンシート・
トートバッグ

幅53×高さ36×奥行19㎝・
ライトベージュ ¥499／P39

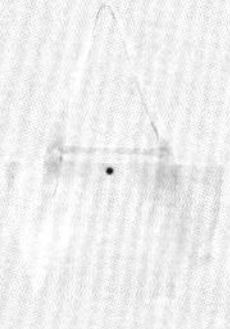

ポリエチレンシート・
ミニトートバッグ

幅45×高さ26×奥行19㎝・
ライトベージュ ¥399／P39

インド綿
タオルハンカチ

縦25×横25㎝・ネイビー
¥390／P42

子ども用品

らくらく動けるデニムテーパードパンツ（キッズ）

キッズ（110～150）・ネイビー　¥1,990／P7,99

インド綿天竺編み　ボーダー半袖Tシャツ（キッズ）

キッズ（110～150）・ネイビー　¥390／P7,99

ポリエステル・おむつポーチ

ネイビー・幅23×高さ17×奥行10㎝　¥2,490／P100

肩の負担を軽くする撥水　リュックサック

ネイビー　容量19リットル
¥2,990／P41

長さが変えられるカトラリーケース

長さ7段階調整
¥690／P101

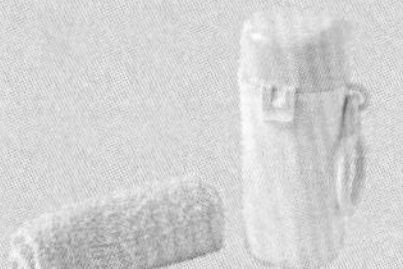

ランチおしぼりセット

ケース：幅6×奥行6×高さ12㎝・おしぼり1枚 ¥890／P101

綿シャンブレー・お弁当袋

ライトネイビー
¥990／P101

文房具

牛革クラフト紙ノート（Found MUJI）

グレー・160枚（縦10.5×横15㎝）　¥950／P69

牛革クラフト紙ノート（Found MUJI）

濃茶・160枚（縦10.5×横15㎝）¥950／P69

ノート・無地

A5・ベージュ・30枚・糸綴じ ¥80／P7,93

週刊誌4コマノート・ミニ

A5・88枚 ¥100／P14,80
※期間限定

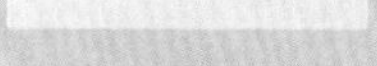

マグネットバー

幅19×奥行0.4×高さ3㎝
¥190／P31

スチール仕切板

中・幅12×奥行12×高さ17.5㎝ ¥250／P27

アクリルクリップボード

A4用・幅22×高さ31㎝
¥450／P15,66

ポリプロピレンダブルペンケース

幅21×奥行7×高さ2.5㎝
¥250／P14

ポリプロピレン携帯に便利なスリムポケットホルダー

A4・10ポケット　¥290／P82

ノートカバーにもなるスリムポケットホルダー

A5・6ポケット　¥190／P76

おえかきロール紙

幅43.5cm×長さ25m
¥1,290／P15,96-97

おりがみ

15cm角・27色・80枚入り
¥90／P68,96-97

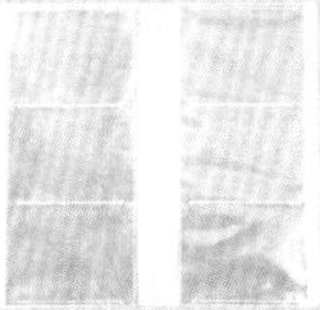

ポリプロピレン高透明フィルムアルバム・3段

L判・132枚用・ポケット付
¥390／P100

こすって消せるボールペン

黒・0.5mm ¥150／P7,72

ミシン目入りマスキングテープ

白・幅1.5cm・9M巻き・ピッチ1cm　¥190／P31

インデックスにもなるチェックリスト付箋紙

3色・各10枚 30枚　¥250／P72

アクリルクリア定規

15cm ¥50／P93

しわにならない液状のり

35g　¥190／P93

ヘルス＆ビューティー

保湿シートマスク（大容量）

240mℓ・30枚入
¥999／P107

ポンプヘッド

化粧水・乳液用
¥190／P107

化粧水・敏感肌用・高保湿タイプ（大容量）

400mℓ　¥1,190／P7,106-107

泡洗顔フォーム・敏感肌用

200mℓ　¥750／P106-107

アイカラーベース

1.8g ¥590／P49

アイカラー
ローズブラウン

2.3g ¥650／P49

アイカラー4色タイプ・
ブラウン

4.5g ¥790／P7,49

メイクパレット・SS

幅11.1×奥行4.1×高さ1.5㎝ ¥750／P48-49

髪用すきはさみ

全長15.5㎝ ¥1,290／P98

髪用カットはさみ

全長15.5㎝ ¥1,090／P98

PET小分けボトル・
泡タイプ

50㎖ ¥290／P38

手指用消毒ジェル
（携帯用）

50㎖ ¥490／P38

ヘアセラム

45㎖ ¥1,290／P105

ブナ材お手入れ
ブラシヘアブラシ用

全長6㎝ ¥250／P105

ブナ材ヘアブラシ

ミックス毛・全長20㎝
¥690／P105

携帯用シリコーンコップ

幅6.5×奥行1.2×高さ8.2㎝
¥350／P38

エッセンシャルオイル
ペパーミント

10㎖ ¥1,490／P112

エッセンシャルオイル
ゼラニウム

10㎖ ¥1,490／P7,81

アロマストーン 皿付・
グレー

ストーン直径6.5×3㎝、
トレー直径6.3×0.5㎝
¥690／P81

インテリアフレグランス
オイル・ハーバル

60㎖ ¥990／P68

ほぐしテトラ

幅9×奥行9×高さ9cm
¥490／P54

薬用炭酸タブレット・カモミールの香り

40g ¥150／P54

薬用入浴剤・ゆずの香り（分包）

30g ¥50／P54

歯ブラシ

白（音波電動歯ブラシ対応）
¥190／P104

音波電動歯ブラシ（歯ブラシ別売）

幅2.4×奥行3.2×高さ20.2cm ¥2,490／P104

グリーン・防災用品

白いバラのブーケ S

高さ約28cm、幅約20cm
¥3,490／P7,50
※ネットストア限定

ポリボトル・スプレー付・小

300mℓ・クリア ¥390／P98

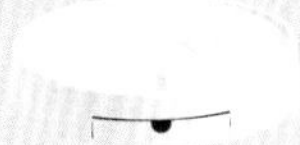

排水できるプランタートレー

10号用 ¥2,990／P81

巻きつけるプランターカバー

10号用・フェルト ¥1,790／P81

いつものもしも持ち出しセット

幅28×奥行6.5×高さ16.5cm ¥3,990／P40-41

カセットこんろ・ミニ用ケース

幅29.6×奥行10×高さ24.4cm ¥1,790／P40-41

カセットこんろ・ミニ

幅24.3×奥行19.1×高さ9cm ¥4,890／P40-41

おわりに

私が無印良品に初めて出会ったのは、小学6年生のとき。茶色っぽいトーンのお店にシンプルな商品がたくさん並んでいて、「ここは何なんだ！」とカルチャーショックを受けました。小学生らしく、シルバーの缶に入ったジュースとカラーペンのセットを両親に買ってもらった記憶があります。それから26年のつき合いになりますが、社員として13年間働いたこともあり、気がつけば私の人生になくてはならない存在に。暮らしの変化とともに、いつだって無印良品が近くにありました。

1980年の創業以来ずっと、無印良品は生活者視点で暮らしを考え続けてきました。だから、どんな時代のどんな暮らしにもフィットするのです。かつて無印良品の中にいた私は、それが長年のトライアンドエラーの賜物《たまもの》であることを知っています。

私が無印良品に入り、最初に担当した仕事はオブザベーション（観察）という訪問調査でした。「ありのままの様子を見せてください」という言葉とともに、